NOTIONS ÉLÉMENTAIRES

D'HARMONIE

MODERNE

PAR ANATOLE LOQUIN

BORDEAUX

IMPRIMERIE G. GOUNOUILHOU, RUE GUIRAUDE, 11

1862

NOTIONS ÉLÉMENTAIRES

D'HARMONIE

MODERNE

PAR ANATOLE LOQUIN

BORDEAUX

IMPRIMERIE G. GOUNOUILHOU, RUE GUIRAUDE, 11

1862

reproduction et traduction PERMISES

(Voir à la fin de la Préface)

TABLE DES MATIÈRES

PRÉFACE

Je me suis proposé, dans ce petit ouvrage, d'exposer en quelques pages, avec clarté et simplicité, les principales notions de la science de l'harmonie.

Beaucoup d'exercices pratiques et peu de théorie, tel est le programme que semblent s'être proposé les auteurs de la plupart des Traités élémentaires. J'ai suivi la route opposée, et je me suis surtout attaché à la théorie : Il vaut mille fois mieux, selon moi, exposer les faits d'une manière claire et précise, que de les enseigner empiriquement avec des exemples. A quoi bon, en effet, ces longues pages d'exercices dans tous les tons dont sont remplis les Traités? Si l'élève a compris, on a fait bien inutilement sa besogne, car c'est à lui de présenter en devoir des travaux de ce genre à son professeur, pour lui montrer qu'il a bien saisi la théorie et qu'il sait l'appliquer. S'il n'a pas compris, il aura beau tapoter tous ces exemples des journées entières sur son piano : cette multitude de tons et d'armures de clefs ne peut que l'embrouiller, du moment où il ne possède pas le pourquoi de ces combinaisons si variées. Or comment, je le demande, pourrait-il comprendre le rapport qu'il y a entre ces exercices et la théorie qu'il ne connaît pas? Il est donc bien préférable d'insister sur chaque règle jusqu'à ce que l'élève s'en soit rendu maître, ce qui ne peut tarder si l'on a soin de lui présenter ces règles d'une manière logique.

J'ai maintenant à rendre compte de trois innovations introduites par moi dans le courant de cet ouvrage.

Il est très important de partir d'un point de départ unique pour faire connaître les différents accords qui constituent le ton moderne, tout en ayant bien soin de ne pas laisser perdre de vue que tous les tons de notre musique sont semblables, et que tout accord, toute succession qui a lieu dans un ton peut aussi avoir lieu dans tous les autres. On conçoit que si l'on donnait (comme l'a fait Reicha) l'exemple d'un accord en *fa*, celui d'un autre accord en *sol*, et celui d'un troisième en *si* bémol, il serait très difficile, pour ne pas dire impossible, à l'élève de se former une juste idée, et de la place qu'occupent ces divers accords dans la tonalité, et de l'ensemble général de cette tonalité. D'un autre côté, il est très vrai que si l'on présente tous les accords dans un seul et même ton, celui d'*ut*, par exemple, on aura beau dire à l'élève que tous les tons sont semblables, il ne connaîtra parfaitement que ce ton-là seulement. Ces considérations m'ont porté à exprimer chaque degré par un chiffre particulier toujours le même, abstraction faite de toute espèce de ton, et j'ai eu soin de donner en commençant un tableau indiquant quelle est la note à laquelle, dans chaque ton, se trouve correspondre chacun des chiffres.

On me reprochera peut-être, au premier coup-d'œil jeté sur ce livre, l'emploi de la notation chiffrée. Je ne crois pas qu'on puisse continuer à m'adresser ce reproche après avoir lu les explications qui précèdent. Quant aux personnes qui ont une répulsion invincible pour ces sortes de signes en musique, répulsion qu'elles ne peuvent justifier par aucune raison bonne ou mauvaise, quant à ceux, en un mot, qui trouvent que *les chiffres sont bêtes*, et peut-être aussi les raisons, je me fais gloire et honneur de ne pas écrire pour ces personnes-là.

Ma seconde innovation, c'est de présenter pour chaque accord la liste des différents noms que lui ont donnés jusqu'à ce jour les principaux théoriciens. Je fais, en un mot, pour l'Harmonie ce que les naturalistes font depuis longtemps pour la Botanique et pour les différentes branches de la Zoologie. Outre que l'on ne peut réellement se faire une idée d'une science que quand on l'a étudiée dans plusieurs auteurs différents, c'est, je le sais par ma propre expérience, un grand plaisir pour l'étudiant qui s'intéresse véritablement à ce qu'il apprend, que de voir comment les différents théoriciens ont exposé, chacun à sa manière, ce qu'il sait déjà. Or, on comprend de quelle utilité seront pour les élèves mes synonymies, en leur permettant de trouver de suite dans chaque auteur, sous leurs dénominations particulières, les accords qu'ils voudront y chercher.

Ma troisième innovation consiste à donner pour chaque accord qui ne se présente pas continuellement dans la période harmonique, une liste d'exemples tirés des compositions des meilleurs maîtres. Ces listes me paraissent remplacer avec beaucoup d'avantage les exercices qui remplissent la majeure partie de la plupart des Traités élémentaires. Ces exemples des plus grands compositeurs, écrits spontanément en dehors de toute préoccupation d'école, me semblent bien préférables à ceux formés de toutes pièces par les auteurs de Traités; et il vaut mieux, à mon avis, pour l'élève comparer la manière dont Gluck ou Mozart, Spontini ou Rossini, Meyerbeer ou Berlioz ont employé tel accord, que d'exécuter au piano les exercices de M, Henry Lemoine, de M. Le Carpentier ou de M. Panseron. D'ailleurs, ce n'est pas seulement à l'heure de sa leçon et dans son Traité que l'élève doit étudier l'harmonie, c'est à toute heure, à tout instant, chaque fois qu'il exécute ou qu'il écoute un morceau de musique, à son piano, au concert, au théâtre. En rencontrant un accord remarquable, celui qui apporte quelque intérêt à cette étude doit chercher à s'en rendre compte. C'est là, sans contredit, la meilleure manière d'apprendre véritablement l'harmonie.

Mes listes d'exemples, en donnant aux élèves l'occasion de parcourir les principaux chefs-d'œuvre lyriques des Écoles Française, Italienne et Allemande, pourront aussi les engager à se faire eux-mêmes un recueil des passages les plus remarquables sous le point de vue harmonique qu'ils auront l'occasion de jouer ou d'entendre. Un pareil travail, tout en les amusant, leur sera extrêmement profitable.

Quelques personnes, en parcourant mes listes, me reprocheront peut-être d'avoir omis des exemples excessivement remarquables qui se trouvent dans certaines œuvres, quand j'en cite souvent qui le sont beaucoup moins, tirés des mêmes partitions. Je leur ferai remarquer qu'il m'était impossible d'éviter cet écueil, à moins d'analyser chaque partition depuis la première page jusqu'à la dernière. Or, je ne prétends nullement donner ici la liste de tous les accords remarquables des opéras que je cite, mais seulement une nomenclature des exemples les plus frappants que je me rappelle concernant chacun des principaux accords.

Ces trois innovations sont loin d'être les seules nouveautés qui caractérisent particulièrement ce petit ouvrage. Sans parler de la manière toute nouvelle dont j'envisage les degrés et les intervalles de la tonalité moderne et des tableaux que je présente à l'appui, le silence calculé que je garde au sujet de certains principes universellement admis par tous les théoriciens sans exception, a assurément une portée bien autrement grande que tout ce dont je viens de parler.

Les musiciens instruits qui me feront l'honneur de me lire s'apercevront qu'excepté dans les citations, je ne parle pas une seule fois, ni de gamme, ni de mode majeur ou mineur, ni de consonnances, ni de dissonances, ni de genres, ni de notes diésées et bémolisées empruntées à d'autres tons, ni d'accords directs ou renversés, ni de notes fondamentales. Cette exclusion évidente et volontaire de termes qui se rencontrent presque à chaque ligne dans tous les ouvrages ayant la théorie de la musique pour objet, je ne la motiverai pas ici. C'est dans un autre ouvrage moins élémentaire et plus important qu'on trouvera, discutées et détaillées, les raisons qui me font rejeter complètement de la théorie de la musique moderne, et ces mots et les idées qu'elles représentent. Ce que je prie seulement le lecteur de m'accorder dès aujourd'hui, c'est que l'absence de tous ces termes techniques, sur la signification de plusieurs desquels les auteurs sont loin de s'entendre, abrège et simplifie singulièrement l'étude de la musique en général et celle de l'harmonie en particulier.

Quel que soit le jugement que l'on porte sur le présent ouvrage, je crois que l'on voudra bien m'accorder :

1° Que ce livre est loin d'être la copie servile de ceux, écrits sur le même sujet, qui l'ont précédé;

2° Que j'ai bien rempli, au moins sous le rapport du nombre, de la variété et de l'importance des faits, le petit nombre de pages dont il se compose.

Passons maintenant à des considérations d'un ordre entièrement différent.

Ce n'est pas tout que d'écrire un livre, il faut encore chercher les conditions les plus avantageuses pour le faire paraître.

Il ne faut pas se le dissimuler : l'auteur d'un ouvrage d'un intérêt tout spécial, s'il est inconnu, et surtout s'il habite la province, a bien peu de chances de faire arriver son livre sous les yeux du public.

Je laisse de côté, bien entendu, tout avantage pécuniaire : un auteur placé dans les conditions que je viens d'énumérer, eût-il fait un livre digne du génie de Pascal, ne rentrera probablement pas, la première fois, dans la *centième* partie des fonds qu'il aura déboursés pour le faire paraître.

Celui donc qui sera disposé à dépenser une somme qu'il sait ne pas devoir lui rentrer, dans le but noble de répandre ses idées et de les faire arriver au grand jour de la publicité, celui-là, dis-je, aura à choisir entre deux partis : garder la propriété de son ouvrage, ou la céder à un éditeur.

S'il garde la propriété de son ouvrage, *jamais*, à moins de circonstances imprévues et exceptionnelles, le public, le vrai public, n'en entendra parler. Quelques amis, quelques habitants de sa ville, en auront seuls connaissance. Tel sera tout l'avantage qu'il retirera de sa publication.

S'il cède cette propriété à un éditeur, en supposant que celui-ci soit intelligent et comprenne un peu le mérite de l'ouvrage, si la chance est favorable, il pourra s'en placer un certain nombre d'exemplaires. Mais combien y a-t-il à parier que l'édition pour laquelle il a fallu que l'auteur débourse la plus grande partie des frais, et qui intéresse d'autant moins l'éditeur, restera enfouie en magasin jusqu'au jour où elle sera vendue en bloc comme vieux papier! L'auteur aura eu beau dépenser son argent, il aura eu beau renoncer à toute espèce de gain et même de rentrée de fonds, son ouvrage restera ignoré, et, de plus, il ne lui sera pas permis de tenter avec lui le sort une seconde fois... Il en aura perdu à jamais la propriété!!

La loi de propriété littéraire est très avantageuse, je n'en disconviens pas, pour les éditeurs et pour les auteurs qui se sont déjà fait un nom, mais seulement pour ceux-là. Pour se faire connaître, il suffit souvent de ne faire qu'un premier pas... Mais que ce premier pas est difficile à faire!

Or, pour parler de moi, je désire vivement, je l'avoue, que ce petit ouvrage atteigne le but pour lequel je l'ai écrit, c'est-à-dire qu'il soit lu, discuté, puis apprécié ou rejeté en connaissance de cause, et non pour qu'il reste à tout jamais ignoré et enfoui dans le coin de quelque magasin. Pour obtenir un pareil résultat, je ne vois qu'un moyen, moyen complètement inusité jusqu'ici, mais que je n'hésite pas à inaugurer aujourd'hui, et pour lequel, j'en suis sûr d'avance, j'aurai bientôt de nombreux imitateurs : JE METS, DE MA PROPRE VOLONTÉ, MON OUVRAGE DANS LE DOMAINE PUBLIC.

Je donne donc permission pleine et entière à MM. les Éditeurs, Imprimeurs, Graveurs, Directeurs de Revues et de Journaux de la France et de l'étranger, d'imprimer, de graver, de reproduire dans tous les formats, de faire traduire dans toutes les langues, et de publier, soit en partie, soit en totalité, les NOTIONS ÉLÉMENTAIRES D'HARMONIE MODERNE *qui constituent la présente brochure.*

De cette manière, mon livre aura le sort qu'il mérite réellement, et le nombre de ses éditions sera la juste appréciation de sa valeur. S'il contient réellement quelque chose de nouveau et d'utile, il ne restera pas inconnu ; si au contraire je me suis, comme tant d'auteurs, entièrement abusé sur le mérite de mon ouvrage, il demeurera dans l'oubli, et l'indifférence des éditeurs et du public en fera bonne justice.

Pour faciliter l'impression de cet ouvrage, j'ai eu grand soin de n'y in-

troduire aucun signe qui pût nécessiter l'emploi de caractères particuliers.
—D'un autre côté, rien n'empêchera les éditeurs qui ne se soucieraient
pas des chiffres (et il en est, je le sais, quelques-uns), de les faire traduire
tous en notes sur portée.

Je recommande très vivement à ceux de MM. les Éditeurs qui ne recu-
leraient pas devant un surcroît de dépense, de faire graver dans le texte de
l'ouvrage tous les exemples de grands maîtres, que je me suis contenté
d'indiquer très exactement. Mon livre, en devenant, par cette importante
addition, aussi volumineux que la plupart des autres Traités d'harmonie,
en acquerra de plus une très grande valeur.

Bordeaux, 8 mai 1862.

LISTE ALPHABÉTIQUE

DES AUTEURS CITÉS

MM. ADAM (Adolphe).
AUBER (D. F. E.).
BARBARA (Henry).
BEETHOVEN.
BELLINI (V.).
BERLIOZ (Hector).
BERTON.
BOÏELDIEU (A.).
BUSSET (F.-C.).
CARAFA.
CASTIL-BLAZE.
CATEL.
CHERUBINI (L.).
CHEVÉ (Émile).
CHORON (Alexandre).
DALAYRAC.
D'ALEMBERT.
DONIZETTI (G.)
FERROUD (J.-D.).
FÉTIS (F.-J.).
GADAL (Mlle Céline).
GLUCK.
GRÉTRY.
HALÉVY (F.).
HAYDN (J.).

MM. HÉROLD (F.).
LEBORNE (A.).
LEMOINE (Henry).
LUCAS (Louis).
LULLY.
MÉHUL.
MERCADIER.
MEYERBEER (G.).
MONPOU (Hippolyte).
MOZART.
NIEDERMEYER (Louis).
PANSERON (A.).
PUGET (Mlle Loïsa).
RAMEAU.
REDON (Ernest).
REICHA (Antoine).
ROSSINI (G.).
ROUSSEAU (J.-J.).
SACCHINI.
SCHAD (J.).
SCUDO (P.)
SPONTINI (G.).
VIEUXTEMPS (Henri).
WEBER (Ch.-M. de).

[illegible]

[illegible — edition/subtitle line]

[illegible]	[illegible]
[illegible]	[illegible]
[illegible]	[illegible]
[illegible]	[illegible]
[illegible]	[illegible]
[illegible]	[illegible]
[illegible]	[illegible]
[illegible]	[illegible]
[illegible]	[illegible]
[illegible]	[illegible]
[illegible]	[illegible]
[illegible]	[illegible]
[illegible]	[illegible]
[illegible]	[illegible]
[illegible]	[illegible]
[illegible]	[illegible]
[illegible]	[illegible]
[illegible]	[illegible]
[illegible]	[illegible]
[illegible] (R.)	[illegible] (R.)

[illegible — centered line]

[illegible — title/imprint line]

NOTIONS ÉLÉMENTAIRES

D'HARMONIE MODERNE

DÉFINITIONS PRÉLIMINAIRES.

L'harmonie est la science des accords.

Un accord est une réunion de sons ou de degrés entendus simultanément.

Les accords sont susceptibles de s'enchaîner les uns les autres dans la musique. Les lois qui régissent la composition et la succession de chaque accord forment l'objet de la science de l'harmonie.

M. Fétis, dans son remarquable *Traité de la Théorie et de la Pratique de l'Harmonie*, établit ainsi (§ 1) la différence qui existe entre la mélodie et l'harmonie : « Les combinaisons successives des sons se désignent par le nom de » *mélodie;* les combinaisons simultanées, par celui d'*harmonie* en général, et » par celui d'*accords* en particulier. »

Je ne puis admettre cette définition, qui oppose les combinaisons simultanées aux combinaisons successives. Il est évident que l'ordre successif existe aussi bien pour les accords que pour les simples sons; il y a des successions harmoniques comme il y a des successions mélodiques. Les combinaisons simultanées seules ne nous donneront jamais que des accords isolés, en repos, privés de mouvement, et n'ayant pas par conséquent de signification tonale.

Je proposerai donc de faire ressortir ainsi la différence qui existe entre la mélodie et l'harmonie : la mélodie réside dans la succession des simples sons; l'harmonie, dans la succession des accords.

Avant d'étudier les accords, il est indispensable de connaître : 1° les degrés de la tonalité moderne; 2° les intervalles que ces degrés peuvent former.

DES DEGRÉS.

Un auditeur habitué à l'observation philosophique, s'il écoute avec une attention soutenue un morceau de musique moderne, ne tardera pas à apprécier que chaque son, chaque note, dans ce qu'il entend, a un rôle, un caractère particulier parfaitement distincts, un entourage et une marche qui lui sont propres ; il remarquera aussi que parmi tous ces sons, il en est un vers lequel tous les autres, de loin ou de près, semblent converger. Enfin, si son attention est portée au plus haut degré, il pourra s'apercevoir que cette note-centre, autour de laquelle les autres semblent graviter, est susceptible de changer de place et de passer d'un son à un autre.

On donne le nom de *ton* à chaque ensemble de notes dont l'une sert de pivot aux autres, et cette note reçoit elle-même le nom de *tonique*. On appelle *modulation* le changement qui s'opère dans le rôle des sons par le déplacement de la tonique. (Nous n'avons pas à traiter de ce changement dans cet ouvrage.) Occupons-nous de la constitution du ton, qui réclame toute notre attention.

L'ensemble de chaque ton, nous le savons déjà, est composé d'une réunion de notes ; ces notes, nous les appellerons *degrés*. Tous les tons étant semblables, chaque degré existe à la même place dans chaque ton.

Si nous examinons attentivement la marche des sons appartenant à un seul et unique ton, nous remarquerons que plusieurs d'entre eux remplissent des fonctions identiques. Il y a dans le ton sept fonctions parfaitement distinctes ; chacune de ces sept fonctions peut dans tous les tons être représentée les unes par deux, les autres par trois sons différents.

Il est important de donner à ces fonctions des noms qui nous permettent de les reconnaître ; ce seront : la *tonique*, la *sus-tonique*, la *médiante*, la *sous-dominante*, la *dominante*, la *sus-dominante* et la *sensible*.

Voyons maintenant combien de sons chacune de ces sept fonctions différentes possède à sa disposition. La tonique peut être représentée par les deux premiers sons de chaque ton ; la sus-tonique, par les 2e, 3e et 4e sons ; la médiante, par les 4e et 5e sons ; la sous-dominante, par les 6e et 7e sons ; la dominante, par les sons 7, 8 et 9 ; la sus-dominante, par les sons 9, 10 et 11, et enfin la sensible, par les sons 11 et 12.

Nous commençons par constater que la totalité des sons de notre système est réellement employée dans chaque ton. Notre seconde observation, c'est que plusieurs sons peuvent, dans le même ton, représenter chacun deux degrés différents. Le nombre des degrés de chaque ton, quelque étrange que cela puisse paraître au premier abord, doit donc être de fait supérieur à celui des sons qui les représentent. Effectivement, nous n'avons que douze sons, et si nous additionnons ensemble tous les degrés fournis par chacune des sept fonctions, le total cherché nous donne le nombre dix-sept. C'est que dans chaque ton, il y a cinq sons ayant chacun deux attractions opposées et remplissant deux fonctions différentes ; ces cinq sons, qui constituent réellement à eux cinq dix degrés distincts, sont, en partant de la tonique, les 2e, 4e, 7e, 9e et 11e sons du ton.

Passons maintenant en revue nos degrés, et commençons par ceux qui sont fixes ou sans attraction particulière. Ils forment la base réelle de la musique moderne ; sans eux, les autres n'auraient pas d'existence.

Ces degrés sont au nombre de dix : la tonique, que nous connaissons déjà (c'est elle qui forme le pivot du ton), occupe le premier son ; la sus-tonique, le troisième. Il y a deux médiantes fixes : la médiante mineure (4e son) et la médiante

majeure (5e son); la sous-dominante occupe le 6e son; la dominante, le 8e. Il y a
deux sus-dominantes fixes : la sus-dominante mineure (9e son) et la sus-dominante
majeure (10e son). Enfin, il y a également deux sensibles : la sensible dure, qui
produit un effet si majestueux dans le plain-chant, et qui est un peu délaissée par
nos compositeurs modernes (¹) (11e son), et la sensible proprement dite (12e son).

Les autres degrés ne sont en réalité que des modifications de ceux que nous
venons de voir. Les musiciens ont imaginé de hausser ou de baisser d'un son
chaque note suivie d'une seconde note placée à deux sons (ou deux demi-tons)
au-dessus ou au-dessous d'elle, de manière à ce qu'il ne reste plus qu'une distance
d'un son (ou demi-ton) entre ces deux notes.

De la sorte, il s'introduit dans la phrase musicale une attraction forcée entre la
note poussée en dehors de sa place ordinaire et celle qui la suit; la première est
note attirée, la seconde note attirante.

Il n'y a que deux notes attirées par en bas; ce sont : la sus-tonique baissée
(2e son) et la dominante baissée (²) (7e son). Ajoutons cependant que la médiante
mineure, la sus-dominante mineure et la sensible dure ne sont pas toujours notes
fixes, et peuvent être, elles aussi, attirées par en bas.

En revanche, il y a cinq notes attirées par en haut : la tonique haussée (2e son),
la sus-tonique haussée (4e son), la sous-dominante haussée (7e son), la dominante
haussée (9e son) et la sus-dominante haussée (11e son).

Remarquez que la note attirée ne possède jamais que l'une des marches de la
note sans attraction forcée qu'elle remplace. Ainsi, la tonique peut rester en place,
monter, descendre, aller à la sus-tonique, aux deux médiantes, à la sous-dominante,
à la dominante, etc., etc., tandis que la tonique haussée ne peut aller qu'à la sus-
tonique.

Parmi les notes fixes ou sans attraction unique et forcée, outre les trois notes
dites mineures que nous avons signalées, il y en a encore d'autres qui, dans
certains cas (quand, par exemple, elles sont, dans un accord, entendues simultanément avec certaines autres notes), sont poussées fortement, tout comme des notes
attirées, vers la note qui les avoisine immédiatement. Ce sont : la sous-dominante,
parfois attirée vers la médiante majeure, et la sensible, presque toujours attirée
vers la tonique.

Il y a une différence capitale à établir entre ces notes attirées et les précédentes.
Les notes attirées proprement dites tiennent la place de notes fixes et sont toujours attirées, tandis que la sous-dominante et la sensible ne sont là à la place
d'aucune note et ne sont attirées que par occasion.

Il existe aussi des attractions par analogie :

Les deux médiantes, les deux sus-dominantes et les deux sensibles *fixes* remplissant également toutes deux des fonctions identiques, il en résulte que quand

---

(¹) C'est dans les modes 1, 2, 3, 4, 7 et 8 de la tonalité du plain-chant qu'existait la sensible
dure. — M. Hector Berlioz, dans son beau mystère *l'Enfance du Christ,* a employé à plusieurs
reprises ce degré, et toujours avec beaucoup de bonheur.

(²) Les compositeurs, pour une raison que je ne puis deviner, ont l'habitude de toujours
remplacer, en écrivant, le signe de la dominante baissée par celui de la sous-dominante haussée.

une de ces notes est attirée par celle qui la précède ou qui la suit immédiatement, la note correspondante est aussi attirée par la même note, quoique en étant plus éloignée d'un son, et que la résolution a lieu comme si la première note était employée. De même, quand une de ces notes attire elle-même une autre note, la note correspondante a aussi la propriété d'attirer cette autre note, quoiqu'elle en soit réellement séparée par deux demi-tons. C'est l'identité de fonctions qui produit cette anomalie.

Exemple pour le premier cas : dans l'accord composé de sensible, sus-tonique, sous-dominante et sus-dominante ([1]), tandis que la sensible est attirée en haut par la tonique, la sus-dominante, *qu'elle soit mineure ou majeure,* est attirée en bas par la dominante.

Exemple pour le second cas : dans l'accord composé de dominante, sensible, sus-tonique et sous-dominante ([2]), tandis que la sensible est attirée par en haut par la tonique, la sous-dominante descend forcément sur la médiante, *soit majeure soit mineure.*

En résumé, il y a dans chaque ton *douze sons différents,* formant *dix-sept degrés* et remplissant en tout *sept fonctions.*

Afin que le lecteur se pénètre plus facilement de ces vérités entièrement nouvelles, nous allons recourir à la clarté du tableau synoptique, qui, en parlant à l'intelligence par le secours des yeux, en dit souvent plus que les meilleures explications.

Chacun des tons de notre tonalité comprend à la fois :

Douze sons.		Dix-sept degrés.	Sept fonctions.
1er son....	Sans attraction.	1. Tonique.	1. Tonique.
2e son....	Attiré par en haut.	2. Tonique haussée.	
	Attiré par en bas.	3. Sus-tonique baissée.	
3e son....	Sans attraction.	4. Sus-tonique.	2. Sus-tonique.
4e son....	Attiré par en haut.	5. Sus-tonique haussée.	
	Sans attraction.	6. Médiante mineure.	
5e son....	Sans attraction.	7. Médiante majeure.	3. Médiante.
6e son....	Sans attraction.	8. Sous-dominante.	
7e son....	Attiré par en haut.	9. Sous-dominante haussée.	4. Sous-dominante.
	Attiré par en bas.	10. Dominante baissée.	
8e son....	Sans attraction.	11. Dominante.	
9e son....	Attiré par en haut.	12. Dominante haussée.	5. Dominante.
	Sans attraction.	13. Sus-dominante mineure.	
10e son....	Sans attraction.	14. Sus-dominante majeure.	6. Sus-dominante.
11e son....	Attiré par en haut.	15. Sus-dominante haussée.	
	Sans attraction.	16. Sensible dure.	
12e son....	Sans attraction.	17. Sensible.	7. Sensible.

NOTA. Les mots *sans attraction* indiquent seulement que les degrés auxquels ils s'appliquent n'ont pas une attraction unique et forcée.

([1]) Quand la sus-dominante est mineure, cet accord est dit *de septième diminuée;* il est appelé *accord de septième de sensible* lorsqu'elle est majeure.

([2]) C'est l'accord *de septième de dominante.*

Tous les tons de la tonalité moderne étant semblables entre eux, nous emploierons, dans le courant de cet ouvrage, pour désigner les sept fonctions, abstraction faite de toute espèce de ton, les sept premiers chiffres, 1, 2, 3, 4, 5, 6, 7. Nous joindrons à chacun de ces chiffres la lettre *h* quand le degré qu'il représente sera haussé, la lettre *b* quand le degré sera baissé (¹). De cette manière, l'élève ne sera pas porté à confondre deux choses distinctes, les degrés et les notes qui sont appelées à les représenter selon les tons (²).

Au reste, pour éviter toute confusion à cet égard, nous donnons ci-après le tableau des notes représentant les dix-sept degrés dans tous les tons.

(¹) Il est donc bien entendu que 1 veut dire, non pas *ut*, mais *tonique;* que 6 *b* veut dire, non pas *la bémol,* mais *sus-dominante mineure.*

(²) Dans nos exemples, nous n'avons pas fait ressortir par des points les différences d'octaves. Ainsi, 5 1, veut aussi bien dire la dominante descendant à la tonique que la dominante montant à la tonique. Cela doit engager l'élève à faire d'autant plus d'attention aux explications détaillées qui précèdent ces exemples.

Si nous n'avions pas craint d'augmenter de beaucoup nos frais d'impression, nous aurions indiqué la marche de chaque degré par ces trois signes : ╱ ╲ —; le premier, pour indiquer que la note qu'il précède monte; le second, pour marquer que cette note descend, et le troisième pour montrer qu'elle reste en place; ces signes doubleraient la valeur de nos exemples. Avis à nos éditeurs futurs.

TABLEAU des dix-sept degrés de la tonalité moderne dans tous les tons.

NOMS des degrés.	Tonique.	Tonique haussée.	Sus-tonique baissée.	Sus-tonique.	Sus-tonique haussée.	Médiante mineure.	Médiante majeure.	Sous-dominante.
Signes par lesquels nous les représentons invariablement.	1	1 ♮	2 ♭	2	2 ♮	3 ♭	3	4
Notes qui constituent chaque degré, en Ut bémol.	Ut bémol.	Ut.	Ré double-bémol	Ré bémol.	Ré.	Mi double-bémol	Mi bémol.	Fa bémol.
Dite en Sol bémol.	Sol bémol.	Sol.	La double-bémol	La bémol.	La	Si double-bémol	Si bémol.	Ut bémol.
Dite en Ré bémol.	Ré bémol.	Ré.	Mi double-bémol	Mi bémol.	Mi.	Fa bémol.	Fa.	Sol bémol.
Dite en La bémol.	La bémol.	La.	Si double-bémol	Si bémol.	Si.	Ut bémol.	Ut.	Ré bémol.
Dite en Mi bémol.	Mi bémol.	Mi.	Fa bémol.	Fa.	Fa dièse.	Sol bémol.	Sol.	La bémol.
Dite en Si bémol.	Si bémol.	Si.	Ut bémol.	Ut.	Ut dièse.	Ré bémol.	Ré.	Mi bémol.
Dite en Fa.	Fa.	Fa dièse.	Sol bémol.	Sol.	Sol dièse.	La bémol.	La.	Si bémol.
Dite en Ut.	Ut.	Ut dièse.	Ré bémol.	Ré.	Ré dièse.	Mi bémol.	Mi.	Fa.
Dite en Sol.	Sol.	Sol dièse.	La bémol.	La.	La dièse.	Si bémol.	Si.	Ut.
Dite en Ré.	Ré.	Ré dièse.	Mi bémol.	Mi.	Mi dièse.	Fa.	Fa dièse.	Sol.
Dite en La.	La	La dièse.	Si bémol.	Si.	Si dièse.	Ut.	Ut dièse.	Ré.
Dite en Mi.	Mi.	Mi dièse.	Fa.	Fa dièse.	Fa double-dièse.	Sol.	Sol dièse.	La
Dite en Si.	Si.	Si dièse.	Ut.	Ut dièse.	Ut double-dièse.	Ré.	Ré dièse.	Mi.
Dite en Fa dièse.	Fa dièse.	Fa double-dièse.	Sol.	Sol dièse.	Sol double-dièse.	La	La dièse.	Si.
Dite en Ut dièse.	Ut dièse.	Ut double-dièse.	Ré.	Ré dièse.	Ré double-dièse.	Mi.	Mi dièse.	Fa dièse.

NOMS des degrés.	Sous-dominante haussée.	Dominante baissée.	Dominante.	Dominante haussée.	Sus-dominante mineure.	Sus-dominante majeure.	Sus-dominante haussée.	Sensible dure.	Sensible.
Signes par lesquels nous les représentons invariablement.	4 ♮	5 ♭	5	5 ♮	6 ♭	6	6 ♮	7 ♭	7
Notes qui constituent chaque degré, en Ut bémol.	Fa.	Sol double-bémol	Sol bémol.	Sol.	La double-bémol	La bémol.	La.	Si double-bémol	Si bémol.
Dite en Sol bémol.	Ut.	Ré double-bémol	Ré bémol.	Ré.	Mi double-bémol	Mi bémol.	Mi.	Fa bémol.	Fa.
Dite en Ré bémol.	Sol.	La double-bémol	La bémol.	La.	Si double-bémol	Si bémol.	Si.	Ut bémol.	Ut.
Dite en La bémol.	Ré.	Mi double-bémol	Mi bémol.	Mi.	Fa bémol.	Fa.	Fa dièse.	Sol bémol.	Sol.
Dite en Mi bémol.	La.	Si double-bémol	Si bémol.	Si.	Ut bémol.	Ut.	Ut dièse.	Ré bémol.	Ré.
Dite en Si bémol.	Mi.	Fa bémol.	Fa.	Fa dièse.	Sol bémol.	Sol.	Sol dièse.	La bémol.	La
Dite en Fa.	Si.	Ut bémol.	Ut.	Ut dièse.	Ré bémol.	Ré.	Ré dièse.	Mi bémol.	Mi.
Dite en Ut.	Fa dièse.	Sol bémol.	Sol.	Sol dièse.	La bémol.	La.	La dièse.	Si bémol.	Si.
Dite en Sol.	Ut dièse.	Ré bémol.	Ré.	Ré dièse.	Mi bémol.	Mi.	Mi dièse.	Fa.	Fa dièse.
Dite en Ré.	Sol dièse.	La bémol.	La.	La dièse.	Si bémol.	Si.	Si dièse.	Ut.	Ut dièse.
Dite en La.	Ré dièse.	Mi bémol.	Mi.	Mi dièse.	Fa.	Fa dièse.	Fa double-dièse.	Sol.	Sol dièse.
Dite en Mi.	La dièse.	Si bémol.	Si.	Si dièse.	Ut.	Ut dièse.	Ut double-dièse.	Ré.	Ré dièse.
Dite en Si.	Mi dièse.	Fa.	Fa dièse.	Fa double-dièse.	Sol.	Sol dièse.	Sol double-dièse.	La.	La dièse.
Dite en Fa dièse.	Si dièse.	Ut.	Ut dièse.	Ut double-dièse.	Ré.	Ré dièse.	Ré double-dièse.	Mi.	Mi dièse.
Dite en Ut dièse.	Fa double-dièse.	Sol.	Sol dièse.	Sol double-dièse.	La.	La dièse.	La double-dièse.	Si.	Si dièse.

DES INTERVALLES.

On sait ce qu'on entend par *un intervalle;* c'est la distance qui existe entre un son et un autre. — Il y a deux sortes d'intervalles : les intervalles mélodiques, dont les deux notes ne s'entendent que l'une après l'autre, et les intervalles harmoniques, dont les deux notes s'entendent à la fois. Pour compter les intervalles harmoniques, on part toujours de la note la plus basse.

On se tromperait fort si l'on croyait que tous les intervalles portant la même désignation (que toutes les tierces majeures, par exemple, ou toutes les quintes justes), étaient tous semblables entre eux et avaient la même marche. Il est loin d'en être ainsi : d'abord, parce que les degrés qui les forment sont tantôt fixes, tantôt attirés par en bas, tantôt attirés par en haut; ensuite, parce que, indépendamment de ces différences, il suffit du reste que deux intervalles de même espèce soient composés de degrés différents, pour qu'ils ne présentent pas le même caractère. Ainsi, l'intervalle de septième mineure sur la dominante et l'intervalle de même espèce sur la sensible, sont bien différents : dans le premier, il existe une attraction forcée; dans le second, il en existe deux. Ainsi, les intervalles de quinte juste qui existent entre la tonique et la dominante et entre la sous-dominante et la tonique, sont bien tous deux composés de notes sans attraction immédiate et forcée. Eh bien! cela n'empêche pas que chacun d'eux n'ait un caractère tonal tout spécial et parfaitement distinct. Ainsi, l'intervalle de quinte juste sur la tonique a lieu sans préparation, tandis que celui sur la sous-dominante doit être préparé. De plus, chacun d'eux ne peut être précédé, accompagné et suivi que par certains degrés spéciaux : ceux qui conviennent à l'un ne conviennent pas à l'autre.

Les considérations qui précèdent expliquent pourquoi nous ne suivrons pas la méthode employée jusqu'ici par les théoriciens, qui consiste à présenter tous les intervalles en partant d'une seule et même note de convention, d'*ut* par exemple. Cette méthode est excellente en contre-point, où toutes les notes se valent; mais elle ne vaut rien en harmonie moderne, où l'on a affaire non à des notes, mais à des degrés, et où chaque degré possède une marche propre, un caractère particulier.

Nous allons donc donner le tableau de tous les intervalles que peuvent former entre eux les dix-sept degrés du ton : 17, multiplié par 17, donne 289; c'est donc une collection de deux cent quatre-vingt-neuf degrés différents que nous allons mettre sous les yeux de nos lecteurs (¹). Nous les prions de ne pas perdre de vue que les chiffres, dans la table qui suit comme dans tout le reste de l'ouvrage, représentent, *non pas des notes, mais des degrés.*

(¹) Il est très important de ne pas oublier que les degrés haussés ou baissés ne sont en réalité que des modifications des degrés naturels dont ils tiennent la place. Les intervalles qui contiennent ces degrés sont donc là à la place des intervalles formés par les degrés naturels. Ainsi, la quinte diminuée 1♯-5, la quinte augmentée 1-5♯, la quinte juste 1♯-5♯, la quinte diminuée 1-5♭ et la quinte doublement diminuée 1♯-5♭, ne sont en réalité que des modifications de l'intervalle unique de quinte juste 1-5. Considérer autrement ces intervalles, ce serait perdre de vue l'origine des degrés qui les forment.

TABLEAU DES DEUX CENT QUATRE-VINGT-NEUF INTERVALLES
FORMÉS PAR LES DIX-SEPT DEGRÉS DU TON.

1 Septième doublement diminuée
De 6 h à 5 b.

2 Quartes doublement diminuées.
De 2 h à 5 b. De 6 h à 2 b.

3 Octaves doublement diminuées.
De 5 h à 5 b. De 2 h à 2 b. De 6 h à 6 b.

4 Quintes doublement diminuées.
De 1 h à 5 b. De 5 h à 2 b. De 2 h à 6 b. De 6 h à 3 b.

5 Secondes ou neuvièmes diminuées.
De 4 h à 5 b. De 1 h à 2 b. De 5 h à 6 b. De 2 h à 3 b. De 6 h à 7 b.

6 Sixtes diminuées
De 7 à 5 b. De 4 h à 2 b. De 1 h à 6 b. De 5 h à 3 b. De 2 h à 7 b. De 6 h à 4.

7 Tierces diminuées.
De 3 à 5 b. De 7 à 2 b. De 4 h à 6 b. De 1 h à 3 b. De 5 h à 7 b. De 2 h à 4. De 6 h à 1.

8 Septièmes diminuées.
De 6 à 5 b. De 3 à 2 b. De 7 à 6 b. De 4 h à 3 b. De 1 h à 7 b. De 5 h à 4. De 2 h à 1. De 6 h à 5.

9 Quartes diminuées.
De 2 à 5 b. De 6 à 2 b. De 3 à 6 b. De 7 à 3 b. De 4 h à 7 b. De 1 h à 4. De 5 à 1. De 2 h à 5. De 6 h à 2.

10 Octaves diminuées.
De 5 à 5 b. De 2 à 2 b. De 6 à 6 b. De 3 à 3 b. De 7 à 7 b. De 4 h à 4. De 1 h à 1. De 5 h à 5. De 2 h à 2. De 6 h à 6.

11 Quintes diminuées.
De 1 à 5 b. De 5 à 2 b. De 2 à 6 b. De 6 à 3 b. De 3 à 7 b. De 7 à 4. De 4 h à 1. De 1 h à 5. De 5 h à 2. De 2 h à 6. De 6 h à 3.

12 Secondes mineures ou neuvièmes mineures.
De 4 à 5 b. De 1 à 2 b. De 5 à 6 b. De 2 à 3 b. De 6 à 7 b. De 3 à 4. De 7 à 1. De 4 h à 5. De 1 h à 2. De 5 h à 6. De 2 h à 3. De 6 h à 7.

13 Sixtes mineures
De 7 b à 5 b. De 4 à 2 b. De 1 à 6 b. De 5 à 3 b. De 2 à 7 b. De 6 à 4. De 3 à 1. De 7 à 5. De 4 h à 2. De 1 h à 6. De 5 h à 3. De 2 h à 7. De 6 h à 4 h.

14 Tierces mineures.
De 3 b à 5 b. De 7 b à 2 b. De 4 à 6 b. De 1 à 3 b. De 5 à 7 b. De 2 à 4. De 6 à 1. De 3 à 5. De 7 à 2. De 4 h à 6. De 1 h à 3. De 5 h à 7. De 2 h à 4 h. De 6 h à 1 h.

15 Septièmes mineures.
De 6 b à 5 b. De 3 b à 2 b. De 7 b à 6 b. De 4 à 3 b. De 1 à 7 b. De 5 à 4. De 2 à 1. De 6 à 5. De 3 à 2. De 7 à 6. De 4 h à 3. De 1 h à 7. De 5 h à 4 h. De 2 h à 1 h. De 6 h à 5 h.

16 Quartes justes.
De 2 b à 5 b. De 6 b à 2 b. De 3 b à 6 b. De 7 b à 3 b. De 4 à 7 b. De 1 à 4. De 5 à 1. De 2 à 5. De 6 à 2. De 3 à 6. De 7 à 3. De 4 h à 7. De 1 h à 4 h. De 5 h à 1 h. De 2 h à 5 h. De 6 h à 2 h.

17 Unissons ou octaves.
De 5 b à 5 b. De 2 b à 2 b. De 6 b à 6 b. De 3 b à 3 b. De 7 b à 7 b. De 4 à 4. De 1 à 1. De 5 à 5. De 2 à 2. De 6 à 6. De 3 à 3. De 7 à 7. De 4 h à 4 h. De 1 h à 1 h. De 5 h à 5 h. De 2 h à 2 h. De 6 h à 6 h.

16 Quintes justes.
De 5 b à 2 b. De 2 b à 6 b. De 6 b à 3 b. De 3 b à 7 b. De 7 b à 4. De 4 à 1. De 1 à 5. De 5 à 2. De 2 à 6. De 6 à 3. De 3 à 7. De 7 à 4 h. De 4 h à 1 h. De 1 h à 5 h. De 5 h à 2 h. De 2 h à 6 h.

15 Secondes (ou Neuvièmes) majeures.
De 5 b à 6 b. De 2 b à 3 b. De 6 b à 7 b. De 3 b à 4. De 7 b à 1. De 4 à 5. De 1 à 2. De 5 à 6. De 2 à 3. De 6 à 7. De 3 à 4 h. De 7 à 1 h. De 4 h à 5 h. De 1 h à 2 h. De 5 h à 6 h.

14 Sixtes majeures
De 5 b à 3 b. De 2 b à 7 b. De 6 b à 4. De 3 b à 1. De 7 b à 5. De 4 à 2. De 1 à 6. De 5 à 3. De 2 à 7. De 6 à 4 h. De 3 à 1 h. De 7 à 5 h. De 4 h à 2 h. De 1 h à 6 h.

13 Tierces majeures.
De 5 b à 7 b. De 2 b à 4. De 6 b à 1. De 3 b à 5. De 7 b à 2. De 4 à 6. De 1 à 3. De 5 à 7. De 2 à 4 h. De 6 à 1 h. De 3 à 5 h. De 7 à 2 h. De 4 h à 6 h.

12 Septièmes majeures.
De 5 b à 4. De 2 b à 1. De 6 b à 5. De 3 b à 2. De 7 b à 6. De 4 à 3. De 1 à 7. De 5 à 4 h. De 2 à 1 h. De 6 à 5 h. De 3 à 2 h. De 7 à 6 h.

11 Quartes augmentées.
De 5 b à 1. De 2 b à 5. De 6 b à 2. De 3 b à 6. De 7 b à 3. De 4 à 7. De 1 à 4 h. De 5 à 1 h. De 2 à 5 h. De 6 à 2 h. De 3 à 6 h.

10 Unissons ou octaves augmentés.
De 5 b à 5. De 2 b à 2. De 6 b à 6. De 3 b à 3. De 7 b à 7. De 4 à 4 h. De 1 à 1 h. De 5 à 5 h. De 2 à 2 h. De 6 à 6 h.

9 Quintes augmentées.
De 5 b à 2. De 2 b à 6. De 6 b à 3. De 3 b à 7. De 7 b à 4 h. De 4 à 1 h. De 1 à 5 h. De 5 à 2 h. De 2 à 6 h.

8 Secondes augmentées.
De 5 b à 6. De 2 b à 3. De 6 b à 7. De 3 b à 4 h. De 7 b à 1 h. De 4 à 5 h. De 1 à 2 h. De 5 à 6 h.

7 Sixtes augmentées.
De 5 b à 3. De 2 b à 7. De 6 b à 4 h. De 3 b à 1 h. De 7 b à 5 h. De 4 à 2 h. De 1 à 6 h.

6 Tierces augmentées.
De 5 b à 7. De 2 b à 4 h. De 6 b à 1 h. De 3 b à 5 h. De 7 b à 2 h. De 4 à 6 h.

5 Septièmes augmentées.
De 5 b à 4 h. De 2 b à 1 h. De 6 b à 5 h. De 3 b à 2 h. De 7 b à 6 h.

4 Quartes doublement augmentées.
De 5 b à 1 h. De 2 b à 5 h. De 6 b à 2 h. De 3 b à 6 h.

3 Unissons ou octaves doublement augmentés.
De 5 b à 5 h. De 2 b à 2 h. De 6 b à 6 h.

2 Quintes doublement augmentées.
De 5 b à 2 h. De 2 b à 6 h.

1 Seconde ou Neuvième doublement augmentée.
De 5 b à 6 h.

Des Accords en général.

Les accords analysés dans cet ouvrage sont composés de trois notes, de quatre notes et de cinq notes.

Un accord peut être présenté sous plusieurs formes ou *états*, selon que chacune des notes qui le composent se trouve à la basse. Un accord de trois notes peut avoir trois états; un accord de quatre notes, quatre; un accord de cinq notes, cinq états.

Chaque état est susceptible d'avoir plusieurs *dispositions*, selon l'ordre intérieur dans lequel sont rangés les degrés qu'il contient, en outre de celui placé à la basse. Un état de trois notes peut avoir deux dispositions, soit en tout six dispositions différentes pour un accord de trois notes.

État un.		**État deux.**		**État trois.**	
Disposition 1.	Disposition 2.	Disposition 1.	Disposition 2.	Disposition 1.	Disposition 2.
3e note.	2e note.	1re note.	3e note.	2e note.	1re note.
2e note.	3e note.	3e note.	1re note.	1re note.	2e note.
1re note.	1re note.	2e note.	2e note.	3e note.	3e note.

Un état de quatre notes peut avoir six dispositions, soit en tout vingt-quatre dispositions différentes pour un accord de quatre notes.

État un.	**État deux.**	**État trois.**	**État quatre.**
1re Disposition.	1re Disposition.	1re Disposition.	1re Disposition.
4e note.	1re note.	2e note.	3e note.
3e note.	4e note.	1re note.	2e note.
2e note.	3e note.	4e note.	1re note.
1re note.	2e note.	3e note.	4e note.
2e Disposition.	2e Disposition.	2e Disposition.	2e Disposition.
3e note.	4e note.	1re note.	2e note.
4e note.	1re note.	2e note.	3e note.
2e note.	3e note.	4e note.	1re note
1re note.	2e note.	3e note.	4e note.
3e Disposition.	3e Disposition.	3e Disposition.	3e Disposition.
2e note.	3e note.	4e note.	1re note.
4e note.	1re note.	2e note.	3e note.
3e note.	4e note.	1re note.	2e note.
1re note.	2e note.	3e note.	4e note.
4e Disposition.	4e Disposition.	4e Disposition.	4e Disposition.
4e note.	1re note.	2e note.	3e note.
2e note.	3e note.	4e note.	1re note.
3e note.	4e note.	1re note.	2e note.
1re note.	2e note.	3e note.	4e note.
5e Disposition.	5e Disposition.	5e Disposition.	5e Disposition.
3e note.	4e note.	1re note.	2e note.
2e note.	3e note.	4e note.	1re note.
4e note.	1re note.	2e note.	3e note.
1re note.	2e note.	3e note.	4e note.
6e Disposition.	6e Disposition.	6e Disposition.	6e Disposition.
2e note.	3e note.	4e note.	1re note.
3e note.	4e note.	1re note.	2e note.
4e note.	1re note.	2e note.	3e note.
1re note.	2e note.	3e note.	4e note.

Chaque état de cinq notes peut avoir vingt-quatre dispositions, qui, multipliées par cinq, donnent pour un accord de cinq notes cent vingt dispositions différentes. Ajoutons qu'il n'existe pas dans la pratique d'accord de cinq notes ayant les cent vingt dispositions; aussi ne pousserons-nous pas plus loin nos exemples.

Accords parfaits majeurs et mineurs.

Ce sont les premiers accords dont on a fait usage. Avant la création et la constitution de la tonalité moderne (fin du XVIᵉ siècle, commencement du XVIIᵉ), les accords parfaits, quelques retards que l'on y introduisait, et l'état deux de l'accord de quinte diminuée, constituaient seuls toute l'harmonie.

Les accords parfaits n'étant formés que de trois notes, n'ont que trois états. Voici, dans les deux espèces d'accords parfaits, la composition particulière de chacun de ces états :

L'*accord parfait majeur*, état un, est composé de tierce majeure et quinte juste; état deux, de tierce mineure et sixte mineure; état trois, de quarte juste et sixte majeure.

L'*accord parfait mineur*, état un, est composé de tierce mineure et quinte juste; état deux, de tierce majeure et sixte majeure; état trois, de quarte juste et sixte mineure.

Les accords parfaits sont le plus souvent écrits à quatre parties; on double alors une des notes de l'accord : c'est souvent la basse qui est doublée dans tous les états. L'obligation de doubler telle note plutôt que telle autre est commandée par l'accord qui précède ou celui qui va suivre. Cette obligation dépend, au reste, de la position que les accords occupent dans la tonalité. Il faut avoir surtout grand soin de ne jamais doubler les degrés qui n'ont qu'une marche unique et forcée. Chaque état a six dispositions différentes quand la note qui lui sert de basse est doublée à une partie supérieure.

Accord parfait majeur.

5	3	1	5	3	1	5	3	1	5	3	1	5	3	1	5	3	1
3	5	5	1	1	3	3	5	5	1	1	3	3	5	5	1	1	3
1	1	3	3	5	5	1	1	3	3	5	5	1	1	3	3	5	5
1	1	1	1	1	1	3	3	3	3	3	3	5	5	5	5	5	5

Les six dispositions de l'état un. || Les six dispositions de l'état deux || Les six dispositions de l'état trois

Accord parfait mineur.

5	3 b	1	5	3 b	1	5	3 b	1	5	3 b	1	5	3 b	1	5	3 b	1
3 b	5	5	1	1	3 b	3 b	5	5	1	1	3 b	3 b	5	5	1	1	3 b
1	1	3 b	3 b	5	5	1	1	3 b	3 b	5	5	1	1	3 b	3 b	5	5
1	1	1	1	1	1	3 b	3 b	3 b	3 b	3 b	3 b	5	5	5	5	5	5

Les six dispositions de l'état un. || Les six dispositions de l'état deux || Les six dispositions de l'état trois

Dans la tonalité du plain-chant, les accords parfaits se placent indifféremment sur toutes les notes de l'échelle. Ils sont majeurs ou mineurs, selon que la tierce de la note sur laquelle chacun d'eux repose se trouve majeure ou mineure dans l'échelle immuable et inaltérable qui sert de base à la tonalité ancienne. Quant aux principes qui dirigent la marche de ces accords, ce sont uniquement les règles du contre-point simple.

Mais dans la tonalité moderne, il est loin d'en être ainsi : les accords parfaits ne se posent que sur certains degrés, et la marche de ces accords est différente, comme les degrés du ton dont ils sont composés. Ce ne sont plus les règles antiques et en quelque sorte mécaniques du contre-point qui les régissent; c'est le sens suivi, c'est la tonalité en un mot. C'est que, dans les accords parfaits de la tonalité moderne, tout aussi bien que dans les autres accords de cette tonalité, chaque degré a un caractère parfaitement distinct, dû à une marche particulière, à un entourage spécial et bien marqué.

Ces faits, pour avoir été méconnus jusqu'ici par tous les théoriciens, n'en sont pas moins de la plus rigoureuse exactitude. Le caractère particulier de chaque degré étant précisément la marque distinctive de la tonalité moderne, il est clair que toutes les successions d'accords où ce caractère ne se fait pas sentir ne sont pas écrites dans cette tonalité, en un mot *ne sont pas tonales*.

L'accord parfait majeur, dans la tonalité moderne, existe sur la tonique, la sous-dominante, la dominante et la sus-dominante mineure; l'accord parfait mineur, sur la tonique, la sus-tonique, la sous-dominante et la sus-dominante majeure.

Les deux accords parfaits sur la tonique, à l'état un, sont les seuls accords qui puissent finir un morceau de musique. *Tous les autres accords parfaits réclament impérieusement une suite.*

Accord parfait majeur sur la tonique.

Cet accord est composé de la tonique, de la médiante majeure et de la dominante; ses trois états sont usités.

L'état un peut se résoudre : 1° Sur l'accord parfait de dominante, état un. La tonique placée à la basse monte ou descend à la dominante; la médiante majeure descend à la sus-tonique, la dominante reste immobile, la tonique placée à une partie haute descend à la sensible. — 2° Sur le même accord, état deux. La tonique placée à la basse descend à la sensible; la médiante majeure et la dominante, comme dans la résolution précédente; la tonique doublée monte à la sus-tonique, pour éviter deux octaves. Au reste, la sensible ne peut jamais être doublée dans un accord quelconque de dominante, sa résolution ascendante sur la tonique étant unique et forcée. — 3° Sur le même accord, état trois. La tonique placée à la basse monte à la sus-tonique; la médiante majeure et la dominante, comme aux deux précédentes résolutions; la tonique doublée à la partie supérieure descend à la sensible. — 4° Sur l'accord parfait majeur de sous-dominante, état un. La tonique placée à la basse descend ou monte à la sous-dominante; la médiante majeure monte à la sous-dominante, la dominante monte à la sus-dominante majeure, et la tonique doublée à la partie haute étant commune aux deux accords reste immobile. — 5° Sur le même accord, état deux. La tonique placée à la basse descend à la sus-dominante majeure; les trois autres parties, comme dans la résolution précédente. — 6° Sur le même accord, état trois. La tonique placée à la basse reste en place; les trois autres parties, comme aux deux résolutions précédentes. — 7° Sur l'accord parfait mineur sur la sous-dominante, état un. — 8° Sur le même accord, état 2. — 9° Sur le même accord, état trois. Ces trois résolutions s'opèrent exactement comme les résolutions 4°, 5° et 6°. Toute la différence consiste en ce que dans les premières la sus-dominante est majeure, et qu'elle est mineure dans les dernières. — 10° Sur l'accord parfait mineur de sus-dominante majeure, état un. La tonique placée à la basse descend à la sus-dominante majeure; la médiante majeure reste commune, la dominante monte à la sus-dominante majeure, la tonique doublée à la partie haute reste en place. — 11° Sur l'accord parfait mineur de sus-tonique, état deux. Aucune des notes de ces deux accords n'étant commune, les résolutions s'opèrent par mouvement contraire. On fait descendre la basse et monter les trois parties hautes (*a*), ou monter la basse et descendre les parties hautes (*b*), en ayant soin que dans l'accord de sus-tonique la sus-dominante ne soit jamais à la partie supérieure.

1re Rés.	2e Rés.	3e Rés.	4e Rés.	5e Rés.	6e Rés.	7e Rés.	8e Rés.	9e Rés.	10 Rés.	11e Résolution.	
										(a)	(b)
1 7	1 2	1 7	1 1	1 1	1 1	1 1	1 1	1 1	1 1	1 2	3 2
5 5	5 5	5 5	5 6	5 6	5 6	5 6 *b*	5 6 *b*	5 6 *b*	5 6	5 6	1 6
3 2	3 2	3 2	3 4	3 4	3 4	3 4	3 4	3 4	3 3	3 4	5 4
1 5	1 7	1 2	1 4	1 6	1 1	1 4	1 6 *b*	1 1	1 6	1↘4	1—4

L'état deux peut se résoudre : 1° Sur l'accord parfait de dominante, état un. La médiante majeure monte à la dominante; la médiante doublée descend à la sus-tonique, la dominante reste en place, et la tonique descend à la sensible. — 2° Sur le même accord, état deux. La médiante majeure descend à la sensible; la médiante doublée et la dominante, comme dans la résolution précédente; la tonique monte à la sus-tonique, pour ne pas doubler la sensible, ce qui produirait deux octaves. — 3° Sur le même accord, état trois. La médiante ne pouvant se doubler, il faut doubler la tonique; alors, la médiante placée à la basse descend à la sus-tonique, la première tonique monte à la sus-tonique et la seconde descend à la sensible, et la dominante reste en place. — 4° Sur l'accord parfait majeur de sous-dominante, état un. Il faut encore doubler non la médiante, mais la tonique. La médiante placée à la basse monte à la sous-dominante, les deux toniques restent en place, et la dominante monte à la sus-dominante majeure. — 5° Sur l'accord parfait mineur de sous-dominante, état un. Même mécanisme de résolution; la sus-dominante est mineure au lieu d'être majeure. — 6° Sur l'accord parfait mineur de sus-tonique, état deux. La médiante de la basse monte à la sous-dominante; les autres degrés descendent : mouvement contraire.

État trois. Résolution unique (¹) : sur l'accord parfait de dominante, état un. La dominante reste à la même place ou descend à la dominante inférieure; la

---

(1) Il y a encore, à la rigueur, deux autres résolutions tonales de l'état trois : sur l'accord parfait majeur de sous-dominante état deux, et sur l'accord parfait mineur de sous-dominante état deux. Il faut alors doubler la tonique et non la dominante.

médiante majeure descend à la sus-tonique, la dominante placée à la partie
supérieure reste commune, et la tonique descend à la sensible.

| État deux. | | | | | | État trois. |
1re Résol.	2e Résol.	3e Résol.	4e Résol.	5e Résol.	6e Résol.	Résol. unique.
1 7	1 2	1 7	1 1	1 1	3 2	1 7
5 5	5 5	5 5	5 6	5 6♭	1 6	5 5
3 2	3 2	1 2	1 1	1 1	5 4	3 2
3 5	3 7	3 2	3 4	3 4	3 4	5 5

Accord parfait mineur sur la tonique.

Cet accord est composé de la tonique, de la médiante mineure et de la dominante. Ses trois états, comme ceux de l'accord majeur, sont usités. Les principes
de résolution des notes de cet accord étant absolument les mêmes que ceux de
l'accord majeur donnés plus haut, nous nous contenterons d'indiquer les résolutions
sans les analyser.

| Résolutions | État un. | | | | | | | État deux. | | | | État trois. |
	1re	2e	3e	4e	5e	6e	7e	1re	2e	3e	4e	Unique.
	1 7	1 2	1 7	1 1	1 1	1 1	1 1	1 7	1 2	1 7	1 1	1 7
	5 5	5 5	5 5	5 6♭	5 6♭	5 6♭	5 6♭	5 5	5 5	5 5	5 6♭	5 5
	3♭ 2	3♭ 2	3♭ 2	3♭ 4	3♭ 4	3♭ 4	3♭ 3♭	3♭ 2	3♮ 2	1 2	1 1	3♭ 2
	1 5	1 7	1 2	1 4	1 6♭	1 1	1 6♭	3♭ 5	3♭ 7	3♭ 2	3♭ 4	5 5

État un. Cet état peut se résoudre : 1º Sur l'accord parfait de dominante,
état un. — 2º Sur le même accord, état deux. — 3º Sur le même accord, état
trois. — 4º Sur l'accord parfait mineur de sous-dominante, état un. — 5º Sur le
même accord, état deux. — 6º Sur le même accord, état trois. — 7º Sur l'accord
parfait de sus-dominante mineure, état un.

État deux. Cet état peut être suivi : 1º De l'accord parfait de dominante,
état un. — 2º Du même accord, état deux. — 3º Du même accord, état trois. —
4º De l'accord parfait mineur de sous-dominante, état un.

État trois. Cet accord peut être suivi de l'accord parfait de dominante,
état un ([1]).

Accord parfait majeur sur la dominante.

Cet accord est composé de la dominante, de la sensible et de la sus-tonique ;
les trois états sont usités.

L'état un peut se résoudre : 1º Sur l'accord parfait majeur de tonique, état
un. La dominante, placée à la basse, monte ou descend sur la tonique ; la sensible monte à la tonique, la sus-tonique monte à la médiante majeure, et la dominante doublée reste en place. — 2º Sur le même accord, état deux. La dominante,
à la basse, descend à la médiante ; les trois notes hautes, comme dans la

---

([1]) Il peut être encore suivi de l'accord parfait mineur de sous-dominante état deux ; mais
cette résolution, quoique tonale, est beaucoup plus rare. Voyez la note précédente.

résolution précédente. — 3° Sur le même accord, état trois. La dominante, placée à la basse, reste en place ; les trois autres degrés, comme dans les deux résolutions précédentes. — 4° Sur l'accord parfait mineur de tonique, état un. — 5° Sur le même accord, état deux. — 6° Sur le même accord, état trois. Même mécanisme que pour les trois premières résolutions. La médiante, au lieu d'être majeure, est mineure. — 7° Sur l'accord parfait mineur de sus-dominante majeure, état un. La dominante de la basse monte à la sus-dominante majeure ; la sensible monte à la sus-tonique ; les deux autres notes descendent par mouvement contraire. — 8° Sur l'accord parfait majeur de la sus-dominante mineure, état un. Même mécanisme que pour la résolution précédente : la médiante et la sus-dominante, au lieu d'être majeures, sont mineures.

1ʳᵉ Résol.		2ᵉ Résol.		3ᵉ Résol.		4ᵉ Résol.		5ᵉ Résol.		6ᵉ Résol.		7ᵉ Résol.		8ᵉ Résol.	
5	5	5	5	5	5	5	5	5	5	5	5	5	3	5	3♭
2	3	2	3	2	3	2	3♭	2	3♭	2	3♭	2	1	2	1
7	1	7	1	7	1	7	1	7	1	7	1	7	1	7	1
5	1	5	3	5	5	5	1	5	3♭	5	5	5	6	5	6♭

État deux. On double, non pas la sensible, mais la dominante. — Cet état n'a que deux résolutions : 1° Sur l'accord parfait majeur de tonique, état un. La sensible monte à la tonique, les deux dominantes sont communes, et la sus-tonique monte à la médiante majeure. — 2° Sur l'accord parfait mineur de tonique, état un. Même procédé de résolution. La sus-tonique, au lieu de monter à la médiante majeure, monte à la médiante mineure.

État trois. Quatre résolutions : 1° Sur l'accord parfait majeur de tonique, état un. La sus-tonique placée à la basse descend à la tonique ; la sus-tonique, partie haute, monte à la médiante majeure ; la dominante est commune et la sensible monte à la tonique. — 2° Sur le même accord, état deux. La sus-tonique de la basse monte à la médiante majeure ; la sus-tonique d'en haut descend à la tonique ; les deux autres degrés, comme dans la résolution précédente. — 3° Sur l'accord parfait mineur de tonique, état un. — 4° Sur le même accord, état deux. Même mécanisme de résolution ; la médiante, au lieu d'être majeure, est mineure .

État deux.					**État trois.**							
1ʳᵉ Résol.		2ᵉ Résol.			1ʳᵉ Résol.		2ᵉ Résol.		3ᵉ Résol.		4ᵉ Résol.	
5	5	5	5		7	1	7	1	7	1	7	1
2	3	2	3♭		5	5	5	5	5	5	5	5
5	5	5	5		2	3	2	1	2	3♭	2	1
7	1	7	1		2	1	2	3	2	1	2	3♭

Remarquez que dans cet accord, quel que soit l'état, *il ne faut jamais doubler la sensible,* celle-ci montant toujours à la tonique.

Accord parfait majeur sur la sous-dominante.

Cet accord est composé de la sous-dominante, de la sus-dominante majeure et de la tonique. Ses trois états sont usités. Il demande impérieusement, pour être employé, à ce que la tonique qu'il contient ait déjà été entendue dans l'accord précédent. Je crois être le premier à faire *pour cet accord* cette remarque importante.

État un. Cet accord peut se résoudre : 1° Sur l'accord parfait majeur de tonique, état un. La sous-dominante placée à la basse monte ou descend à la tonique; la sus-dominante majeure descend à la dominante; la tonique est commune, et la sous-dominante doublée descend à la médiante majeure. — 2° Sur le même accord, état deux. La sous-dominante de la basse descend à la médiante majeure; la sus-dominante majeure descend à la dominante; la tonique reste en place, et la sous-dominante doublée monte par exception à la dominante, pour éviter deux octaves. — 3° Sur le même accord, état trois. La sous-dominante à la basse monte à la dominante; les trois autres notes, comme dans la première résolution. — 4° Sur l'accord parfait de dominante. La sous-dominante de la basse monte à la dominante; les trois autres notes descendent par mouvement contraire.

État deux. Première résolution : Sur l'accord majeur de tonique, état trois. On double la sous-dominante. La sus-dominante majeure placée à la basse descend à la dominante; la tonique reste en place; des deux sous-dominantes, l'une monte à la dominante et l'autre descend à la médiante majeure par mouvement contraire. Deuxième résolution : Sur l'accord parfait de dominante, état un. On double alors la tonique; la sus-dominante majeure placée à la basse descend à la dominante; la première tonique monte à la sus-tonique; la tonique doublée descend à la sensible par mouvement contraire.

État trois. Résolution unique : Sur l'accord parfait majeur de tonique, état un. On double la tonique. La tonique à la basse et la tonique doublée à la partie haute restent toutes deux communes; la sus-dominante majeure descend à la dominante, et la sous-dominante descend à la médiante majeure.

Etat un.				Etat deux.		Etat trois.	
1ʳᵉ Résol.	2ᵉ Résol.	3ᵉ Résol.	4ᵉ Résol.	1ʳᵉ Résol.	2ᵉ Résol.	Résol. unique.	
4 3	4 5	4 3	4 2	4 3	1 7	4 3	
1 1	1 1	1 1	1 7	1 1	4 5	1 1	
6 5	6 5	6 5	6 5	4 5	1 2	6 5	
4 1	4 3	4 5	4 5	6 5	6 5	1 1	

Accord parfait mineur sur la sous-dominante.

Cet accord est composé de la sous-dominante, de la sus-dominante mineure et de la tonique. Ses trois états sont usités. Comme pour l'accord majeur, il faut que la tonique qu'il renferme ait déjà été entendue dans l'accord précédent.

Les principes de résolution étant absolument les mêmes que pour l'accord majeur, nous nous contenterons de mentionner, sans explications, les résolutions des trois états et de donner un exemple de chaque résolution.

État un. Se résout : 1° Sur l'accord parfait majeur de tonique, état un. — 2° Sur le même accord, état deux. — 3° Sur le même accord, état trois. — 4° Sur l'accord parfait mineur de tonique, état un. — 5° Sur le même accord, état deux. — 6° Sur le même accord, état trois. — 7° Sur l'accord parfait de dominante, état un.

1ʳᵉ Résol.		2ᵉ Résol.		3ᵉ Résol.		4ᵉ Résol.		5ᵉ Résol.		6ᵉ Résol.		7ᵉ Résol.	
4	3	4	5	4	3	4	3♭	4	5	4	3♭	4	2
1	1	1	1	1	1	1	1	1	1	1	1	1	7
6♭	5	6♭	5	6♭	5	6♭	5	6♭	5	6♭	5	6♭	5
4	1	4	3	4	5	4	1	4	3♭	4	5	4	5

État deux. Se résout : 1° Sur l'accord parfait majeur de tonique, état trois. — 2° Sur l'accord parfait mineur de tonique, état trois. — 3° Sur l'accord parfait de dominante, état un.

État trois. Se résout : 1° Sur l'accord parfait majeur de tonique, état un. — 2° Sur l'accord parfait mineur de tonique, état un.

État deux.						**État trois.**			
1ʳᵉ Résol.		2ᵉ Résol.		3ᵉ Résol.		1ʳᵉ Résol.		2ᵉ Résol.	
4	3	4	3♭	1	7	4	3	4	3♭
1	1	1	1	4	5	1	1	1	1
4	5	4	5	1	2	6♭	5	6♭	5
6♭	5	6♭	5	6♭	5	1	1	1	1

Accord parfait mineur sur la sus-dominante majeure.

Cet accord est composé de la sus-dominante majeure, de la tonique et de la médiante majeure. Il ne s'emploie guère qu'à l'état un.

A cet état, il se résout : 1° Sur l'accord parfait majeur de tonique, état trois. On double alors la tonique. La sus-dominante majeure placée à la basse descend à la dominante; les deux toniques et la médiante majeure sont communes. — 2° Sur l'accord parfait de dominante, état un. La sus-dominante majeure placée à la basse descend sur la dominante; les trois autres notes montent par mouvement contraire. — 3♭ Sur l'accord parfait majeur de sous-dominante, état un. La sus-dominante descend à la sous-dominante; la médiante majeure monte à la sous-dominante, et les deux autres degrés restent en place. — 4° Sur l'accord parfait mineur de sus-tonique, état deux. La sus-dominante de la basse, la médiante majeure et la sus-dominante doublée, comme dans la résolution précédente. La tonique monte à la sus-tonique par mouvement contraire.

1ʳᵉ Résol.		2ᵉ Résol.		3ᵉ Résol.		4ᵉ Résol.	
1	1	1	2	1	1	1	2
3	3	6	7	6	6	6	6
1	1	3	5	3	4	3	4
6	5	6	5	6	4	6	4

Accord parfait majeur sur la sus-dominante mineure.

Cet accord est composé de la sus-dominante mineure, de la tonique et de la médiante mineure. Il n'est guère usité qu'à l'état un. Les principes de ses résolutions étant les mêmes que pour l'accord majeur, nous nous bornerons à donner ces résolutions sans les expliquer.

1ʳᵉ Résol.		2ᵉ Résol.		3ᵉ Résol.	
1	1	1	2	1	1
3♭	3♭	6♭	7	6♭	6♭
1	1	3♭	5	3♭	4
6♭	5	6♭	5	6♭	4

Cet accord se résout : 1° Sur l'accord parfait mineur sur la tonique, état trois. — 2° Sur l'accord parfait de la dominante, état un. — 3° Sur l'accord parfait mineur de la sous-dominante, état un.

Je connais deux exemples remarquables de l'état deux presque inusité de l'accord parfait majeur de sus-dominante mineure.

Le premier est de Rossini. Il se trouve dans le quatuor et chœur n° 17 de *Guillaume-Tell*, sous ces paroles : Mortelle dis*grâce*, Espoir de ma race (¹). Le second est de M. Henry Barbara. On le trouve à la mesure 3 (après l'*ad libitum*) d'*Iduna*, rêverie en forme de valse pour piano, op. 4.

Accord parfait mineur de sus-tonique.

Cet accord est composé de la sus-tonique, de la sous-dominante et de la sus-dominante majeure. Il n'est guère usité qu'à l'état deux (²); mais *à cet état, c'est un des accords les plus utiles et les plus caractéristiques de la tonalité moderne* (³). Il a deux résolutions différentes : 1° Sur l'accord parfait majeur de tonique, état trois. La sous-dominante monte à la dominante, tandis que les trois autres degrés descendent par mouvement contraire. — 2° Sur l'accord parfait de la dominante, état un. La sous-dominante monte à la dominante; les trois autres notes descendent par mouvement contraire. On remarquera que la première résolution est beaucoup plus usitée que la seconde.

1ʳᵉ Résol.		2ᵉ Résol.	
2	1	4	2
6	5	2	7
4	3	6	5
4	5	4	5

Nous venons de détailler les principales résolutions *tonales* de chacun des accords parfaits employés dans la tonalité moderne.

Ce travail, dont tout lecteur de bonne foi reconnaîtra l'extrême importance, est entièrement nouveau. Si l'on veut s'en convaincre, on n'a qu'à parcourir tous les traités d'harmonie publiés jusqu'à ce jour, à l'article des accords parfaits.

(¹) Nous prévenons une fois pour toutes le lecteur que nous mettons en italique les syllabes sous lesquelles on entend l'accord auquel se rapporte chaque exemple.

(²) On trouve des exemples de l'emploi de cet accord à l'état un; mais en général on lui préfère, à cet état, l'accord de septième de seconde.

(³) Il est nécessaire que la sus-dominante ne soit pas à la partie supérieure.

Accords de quinte diminuée.

Ces accords étant composés de trois notes, ne peuvent par conséquent avoir que trois états : le premier est composé de tierce mineure et quinte diminuée; le second, de tierce mineure et de sixte majeure; le troisième, de quarte augmentée et de sixte majeure.

Dans la tonalité moderne, l'accord de quinte diminuée se place principalement sur deux degrés : 1° sur la sensible, 2° sur la sus-tonique.

Accord de quinte diminuée sur la sensible.

Cet accord [1] est composé de la sensible, de la sus-tonique et de la sous-dominante. Sur ces trois degrés, deux ont une marche unique et forcée, et par conséquent ne peuvent être doublés; ce sont : la sensible, qui monte toujours à la tonique, et la sous-dominante, qui descend toujours à la médiante majeure ou mineure. Quant à la sus-tonique, on peut la doubler une fois, car on a le choix de la faire descendre à la tonique ou de la faire monter à la médiante majeure ou mineure. Quand on double la sus-tonique, l'état deux a six dispositions différentes; mais les deux autres états n'en ont que trois.

État un.			État deux.						État trois.		
2	4	2	4	2	7	4	2	7	2	2	7
4	2	2	2	4	4	7	7	2	2	7	2
2	2	4	7	7	2	2	4	4	7	2	2
7	7	7	2	2	2	2	2	2	4	4	4
Dispositions... 1re	2e	3e	1re	2e	3e	4e	5e	6e	1re	2e	3e

Ajoutons que les dispositions 1re et 2e de l'état un et les dispositions 1re et 3e de l'état trois, où les deux sus-toniques sont à côté l'une de l'autre, et toutes deux dans une partie supérieure, sont bien peu usitées.

Comme il est facile de le voir en examinant la marche de chacun des trois degrés qui le composent, l'accord de quinte diminuée sur la sensible se résout sur l'accord parfait majeur ou mineur de la tonique, mais privé de la dominante; c'est ce qui rend l'usage de cet accord assez rare.

État un.				État deux.								État trois.			
4	3	4	3♭	7	1	7	1	7	1	7	1	2	1	2	1
2	1	2	1	4	3	4	3	4	3♭	4	3♭	7	1	7	1
7	1	7	1	2	1	2	3	2	1	2	3♭	4	3	4	3♭
1re Résol.		2e Résol.		1re Résol.		2e Résol.		3e Résol.		4e Résol.		1re Résol.		2e Résol.	

---

[1] **Synonymie.** — A. Reicha : accord de septième de dominante dont on a retranché la note fondamentale (page 33 de son *Cours de composition musicale*). — F.-C. Busset : accord neutre sur le son 7 d'une gamme majeure ou mineure. — Fétis : accord de quinte mineure (Voyez les §§ 80 et 89). — Émile Chevé : accord de quinte de sensible des deux modes, ou accord neutre. — A. Leborne : accord de quinte diminuée sur la sensible. — A. Panseron : accord de quinte diminuée.

Il n'est pas rare de rencontrer dans les compositions modernes des exemples de l'accord de quinte diminuée sur la sensible, avec la sous-dominante montant à la dominante, et même avec la sensible descendant à la sus-dominante. Dans ces exemples, il peut ne pas y avoir de faute au point de vue de l'art d'écrire; mais il y a très positivement faute, et faute grossière, au point de vue tonal.

Les accords de quinte diminuée étaient employés autrefois dans le contre-point. Il n'est pas besoin de faire remarquer que la résolution tonale n'était pas encore observée, puisque la tonalité du plain-chant, où la distinction des degrés n'existe pas, était alors la seule connue des compositeurs; encore, ces accords de quinte diminuée n'étaient-ils usités qu'à l'état deux, et voici pourquoi : les états un et trois présentent chacun un intervalle de quinte diminuée ou de quarte augmentée contre la basse, et ces deux intervalles étaient défendus dans le contre-point de note contre note; l'état deux, au contraire, ne présentait contre la basse que des intervalles de tierce mineure et de sixte majeure. Il est vrai qu'en comptant les intervalles en partant d'une note autre que celle de la basse, on rencontrait forcément un des intervalles proscrits; mais ces intervalles, absolument défendus contre la basse, étaient tolérés quand ils se rencontraient dans une partie supérieure.

Accord de quinte diminuée sur la sus-tonique.

Cet accord (¹) est composé de la sus-tonique, de la sous-dominante et de la sus-dominante mineure. Il s'emploie surtout à l'état deux. On l'écrit à quatre parties.

2	6♭	4	2	6♭	4
6♭	2	2	4	4	6♭
4	4	6♭	6♭	2	2
4	4	4	4	4	4

Dispositions... 1ʳᵉ   2ᵉ   3ᵉ   4ᵉ   5ᵉ   6ᵉ

Remplacez par la sus-dominante mineure la sus-dominante majeure dans l'accord parfait mineur de sus-tonique, et vous aurez le présent accord de quinte diminuée. Les principes de résolution sont les mêmes pour les deux accords.

A l'état deux, il se résout : 1º Sur l'accord parfait majeur de tonique, état trois. — 2º Sur l'accord parfait mineur de tonique, état trois. — 3º Sur l'accord parfait de dominante, état un.

2	1	2	1	2	7
6♭	5	6♭	5	6♭	5
4	3	4	3♭	4	2
4	5	4	5	4	5

1ʳᵉ Résol.   2ᵉ Résol.   3ᵉ Résol.

M. Meyerbeer, dans *les Huguenots*, emploie l'accord de quinte diminuée sur la sous-dominante haussée (nº 24, grand duo) : *Entends-tu ces sons funèbres?*

(¹) **Synonymie.** — A. Reicha : accord de quinte diminuée, ou simplement accord diminué, troisième accord de la classification. — F.-C. Busset : accord neutre sur le son 2 d'une gamme mineure. — Émile Chevé : accord de quinte de sous-médiante du mode mineur ou accord neutre minime. (Voyez t. I, p. 169.) — A. Leborne : accord de quinte diminuée sur le quatrième degré du mode mineur.

*Ils me glacent de terreur. Du. sein des noires ténèbres S'élève un cri de
fureur.*

L'accord de quinte diminuée, quand son entourage tonal ne vient pas révéler
à l'auditeur la marche de chacun des degrés dont il se compose, est d'une âpreté
remarquable et cause à l'oreille une impression pénible. Ch. M. de Weber, dans
la tempête de *Robin des Bois,* l'emploie sur le même degré que M. Meyerbeer,
en doublant la sous-dominante haussée, et en le faisant suivre, pour faire ressortir
encore plus sa dissonance, de l'accord parfait majeur de tonique. L'accord de
quinte diminuée, employé de cette manière, est réellement épouvantable (voyez les
quatre mesures avant ces mots : Il va venir le grand chasseur) ; il fait éprouver à
l'audition une sensation analogue à celle que causerait un amas de notes fausses.

Accord de septième de dominante.

Cet accord est formé de la réunion de l'accord parfait sur la dominante et de
l'accord de quinte diminuée sur la sensible. Il est composé de la dominante, de la
sensible, de la sus-tonique et de la sous-dominante. Comme tous les accords de
quatre notes, l'accord de septième de dominante est susceptible d'être présenté
sous quatre états différents, selon que chacune des notes qui le composent se
trouve à la basse.

Ces quatre états sont tous usités dans la pratique : chacun d'eux a son caractère
particulier. J.-J. Rousseau trouve l'état deux doux, mais fade ; l'état trois brillant,
et l'état quatre dur et aigre ; il ne qualifie pas l'état un ([1]).

L'état un ([2]) est composé de tierce majeure, quinte juste et septième mineure
sur la dominante ; l'état deux ([3]), de tierce mineure, quinte diminuée et sixte

---

([1]) « Supposons que j'aie besoin de toute la dureté du triton ou de toute la fadeur de la
fausse quinte, opposition, pour le dire en passant, qui prouve combien les divers renversements
des accords en peuvent changer l'effet. » J.-J. ROUSSEAU, *Lettre sur la musique françoise.*

« C'est une grande erreur de penser que le choix des renversements d'un même *accord* soit
indifférent pour l'harmonie ou pour l'expression. Il n'y a pas un de ces renversements qui n'ait
son caractère propre. Tout le monde sent l'opposition qui se trouve entre la douceur de la fausse
quinte et l'aigreur du triton ; et cependant, l'un de ces intervalles est renversé de l'autre...
L'accord de petite sixte majeure, au contraire, n'est-il pas plus brillant que celui de fausse
quinte ? » J.-J. ROUSSEAU, *Dictionnaire de musique,* mot *Accord.*

([2]) **Synonymie.** — Rameau : accord fondamental de la septième. — D'Alembert : accord de
dominante tonique. — J.-J. Rousseau : accord sensible ou dominant. — Catel : accord de
septième dominante. — Reicha : accord de septième de première espèce ou septième dominante
(cinquième accord de la classification) sans renversement. — La plupart des traités élémentaires : accord de septième de dominante, état direct. — Fétis : accord de septième de dominante.
— Émile Chevé : accord de septième de dominante des deux modes.

([3]) **Synonymie.** — Rameau, D'Alembert, J.-J. Rousseau : accord de fausse quinte. — Catel :
accord de sixte et quinte diminuée. — Reicha : accord de septième de première espèce, premier
renversement. — Les traités élémentaires : accord de septième de dominante, premier renversement ou premier dérivé. — Fétis : accord de quinte mineure et sixte. — Émile Chevé :
tronçon de l'accord de treizième de sensible.

22   TRAITÉ D'HARMONIE MODERNE.

mineure sur la sensible; l'état trois ([1]), de tierce mineure, quarte juste et sixte majeure sur la sus-tonique; et l'état quatre ([2]), de seconde majeure, quarte augmentée et sixte majeure sur la sous-dominante.

Chaque état possède les six dispositions ([3]) :

Etat un.						Etat deux.						Etat trois.						Etat quatre.					
4	2	7	4	2	7	5	4	2	5	4	2	7	5	4	7	5	4	2	7	5	2	7	5
2	4	4	7	7	2	4	5	5	2	2	4	5	7	7	4	4	5	7	2	2	5	5	7
7	7	2	2	4	4	2	2	4	4	5	5	4	4	5	5	7	7	5	5	7	7	2	2
5	5	5	5	5	5	7	7	7	7	7	7	2	2	2	2	2	2	4	4	4	4	4	4
Dispositions... 1re	2e	3e	4e	5e	6e	1re	2e	3e	4e	5e	6e	1re	2e	3e	4e	5e	6e	1re	2e	3e	4e	5e	6e

Chacun des degrés qui composent cet accord a la marche suivante :

La dominante placée à la basse descend à la tonique et à la médiante majeure ou mineure, reste en place, monte à la sus-dominante majeure ou mineure et à la tonique; placée dans une partie haute, elle reste toujours en place. — *La sensible* monte toujours à la tonique, marche forcée. — *La sus-tonique* descend à la tonique ou monte à la médiante majeure ou mineure. — *La sous-dominante* descend toujours à la médiante majeure ou mineure; cette marche est forcée.

État un. En suivant ces règles, l'accord de septième de dominante, état un, se résout : 1° Sur l'accord parfait majeur de tonique, état un. — 2° Sur le même accord, état deux. — 3° Sur le même accord, état trois. — 4° Sur l'accord parfait mineur de tonique, état un. — 5° Sur le même accord, état deux. — 6° Sur le même accord, état trois. — 7° Sur l'accord parfait mineur de sus-dominante majeure, état un. — 8° Sur l'accord parfait majeur de sus-dominante mineure, état un. Exemples, à la première disposition :

1re Résol.		2e Résol.		3e Résol.		4e Résol.		5e Résol.		6e Résol.		7e Résol.		8e Résol.	
4	3	4	3	4	3	4	3♭	4	3♭	4	3♭	4	3	4	3♭
2	1	2	1	2	1	2	1	2	1	2	1	2	1	2	1
7	1	7	1	7	1	7	1	7	1	7	1	7	1	7	1
5	1	5	3	5	5	5	1	5	3♭	5	5	5	6	5	6♭

([1]) **Synonymie.** — Rameau : accord de petite sixte. — D'Alembert : accord de sixte sensible. — J.-J. Rousseau : accord de petite sixte majeure. — Catel : accord de sixte sensible. — Reicha : accord de septième de première espèce, deuxième renversement. — Les traités élémentaires : accord de septième de dominante, deuxième renversement ou deuxième dérivé. — Fétis : accord de sixte sensible. — Émile Chevé : tronçon de l'accord de treizième de sous-médiante.

([2]) **Synonymie.** — Rameau, D'Alembert, J.-J. Rousseau, Catel : accord de triton. — Reicha : accord de septième de première espèce, troisième renversement. — Les traités élémentaires : accord de septième de dominante, troisième renversement ou troisième dérivé. — Fétis : accord de triton. — Émile Chevé : tronçon de l'accord de treizième de sous-dominante.

([3]) M. Fétis, dans son *Traité de la théorie et de la pratique de l'harmonie,* ne donne que cinq combinaisons pour l'état un, et supprime la sixième disposition (page 38). — Il n'en donne que quatre pour l'état deux, et il supprime les dispositions deux et six (page 41). — Il n'en donne également que quatre pour l'état trois, et supprime les dispositions quatre et six (page 41). — Et enfin, il en donne cinq pour l'état quatre, supprimant la disposition deux (page 42). Ce qui ne fait en tout que dix-huit dispositions. Nous ne pouvons nous expliquer ce qui a pu motiver pour M. Fétis l'exclusion des six autres.

M. Leborne, dans son *Traité d'harmonie de Catel avec des additions,* donne bien les vingt-quatre combinaisons (pages 12 et 13); M. Émile Chevé également, dans la note placée au bas de la page 115 du tome 1 de sa *Méthode élémentaire d'harmonie,* etc., etc.

On remarquera que l'accord de septième de dominante complet à l'état un, ne donne aux résolutions 1, 2, 4 et 5 que les deux premiers degrés de l'accord parfait de tonique : la dominante manque. Pour obtenir ce degré à la résolution, il faut supprimer la sus-tonique de l'accord de septième de dominante, et doubler la dominante (¹). De cette manière, on a l'accord de tonique entier; mais les septième et huitième résolutions ne sont plus possibles. Exemples :

1re Résol.		2e Résol.		3e Résol.		4e Résol.		5e Résol.		6e Résol.	
5	5	5	5	5	5	5	5	5	5	5	5
4	3	4	3	4	3	4	3♭	4	3♭	4	3♭
7	1	7	1	7	1	7	1	7	1	7	1
5	1	5	3	5	5	5	1	5	3♭	5	5

État deux. L'état deux se résout : 1° Sur l'accord parfait majeur de tonique, état un. — 2° Sur l'accord parfait mineur de tonique, état un.

État trois. L'état trois se résout : 1° Sur l'accord parfait majeur de tonique, état un. — 2° Sur le même accord, état deux. — 3° Sur l'accord parfait mineur de tonique, état un. — 4° Sur le même accord, état deux.

État quatre. L'état quatre se résout : 1° Sur l'accord parfait majeur de tonique, état deux. — 2° Sur l'accord parfait mineur de tonique, état deux.

Exemples, à la première disposition :

État deux.				État trois.								État quatre.			
1re Résol.		2e Résol.		1re Résol.		2e Résol.		3e Résol.		4e Résol.		1re Résol.		2e Résol.	
5	5	5	5	7	1	7	1	7	1	7	1	2	1	2	1
4	3	4	3♭	5	5	5	5	5	5	5	5	7	1	7	1
2	1	2	1	4	3	4	3	4	3♭	4	3♭	5	5	5	5
7	1	7	1	2	1	2	3	2	1	2	3♭	4	3	4	3♭

M. Henry Lemoine fait l'observation suivante :

« L'élève devra porter toute son attention à remarquer que le principe de la » résolution des notes, composant l'accord de septième de dominante dans son » état direct, est absolument le même dans ses trois renversements. » — (*Traité d'harmonie pratique et théorique*, page 43.)

Il y a cependant une exception à cette règle : il existe, dans l'accord de septième de dominante, une note qui n'a pas la même résolution à l'état direct (état un) qu'à ses renversements (états deux, trois et quatre) : c'est la dominante. Placée à la basse, elle peut descendre, monter ou rester en place, tandis que placée dans une partie haute, elle reste toujours immobile.

Des notes que l'on peut doubler dans l'accord de septième de dominante. — On peut toujours doubler la dominante, qui reste immobile. On peut aussi doubler une fois la sus-tonique : l'une descend à la tonique, l'autre monte à la médiante majeure ou mineure. La sous-dominante et la sensible, ayant chacune une résolution unique et forcée, ne peuvent être doublées dans aucun cas.

Terminons ce que nous avions à dire sur l'accord de septième de dominante par quelques observations sur l'état quatre, appelé par la plupart des théoriciens

---

(¹) Cette observation importante appartient à M. Fétis. *Traité complet de la théorie et de la pratique de l'harmonie*, § 102.

accord de triton. Quelques compositeurs font descendre dans cet accord la sous-dominante à la tonique; c'est à tort : la sous-dominante doit forcément descendre dans cet accord à la médiante, majeure ou mineure. — On trouve des exemples de cette faute dans les ouvrages des grands maîtres. Choron la fait dans sa célèbre romance *la Sentinelle :* Dites que je veille en ces lieux pour la gloire et pour mon amie.

Voici l'indication de plusieurs exemples de l'emploi régulier de l'état quatre de l'accord de septième de dominante :

Avec la résolution majeure : 1° G. Rossini. *Le Barbier de Séville.* N° 1. Introduction. *Piano, piano.* Approchons-nous. — 2° F. Halévy. *Charles VI.* N° 24. Scène et ballade. Avec la douce chansonnette, *berce,* berce gentille Odette. — 3° Adolphe Adam. *Cantique de Noël.* Noël, *Noël,* voici le Rédempteur. Noël, *Noël,* voici le Rédempteur.

Avec la résolution mineure : Gluck. *Alceste.* N° 4. Récit et chœur. *D'un peuple gémissant daigne écouter les* vœux. Rends-lui son roi, son protecteur, son père. — 2° Même ouvrage. N° 23. Récitatif et air. Vivre sans *toi, moi, vivre sans Alceste?* — 3° G. Meyerbeer. *Les Huguenots.* N° 1 (*c*). Morceau d'ensemble et entrée de Raoul. *Coligny, Médicis ont juré devant* Dieu.

Rossini, dans l'immortel trio (n° 11) de *Guillaume-Tell,* a employé en trémolo *un accord de triton sur la sensible dure.* Il en a obtenu un effet admirable. *La nuit à nos destins propice Nous entoure déjà d'une ombre protectrice.* — G. Meyerbeer, dans *les Huguenots* (n° 23 Conjuration et bénédiction des poignards. Morceau d'ensemble), s'est servi du même accord, toujours en trémolo. L'effet est peut-être ici encore plus dramatique et plus saisissant. *Lorsque de Saint-Germain Pour la première fois retentira l'airain, Attentifs et muets à ce signal d'alarmes, A l'ombre préparez vos soldats et vos* armes. — Le même auteur reproduit le même accord de la même manière, dans *le Prophète* (n° 11. Scène et quatuor). Mais la situation n'étant pas émouvante, il passe presque inaperçu. *Ne sais-tu pas qu'en France une chaste héroïne Qu'inspiraient comme toi de saintes visions,* Jeanne d'Arc, etc. — Dans ces trois passages, c'est une voix de basse qui chante sur un trémolo puissant d'instruments à cordes.

Accord de septième de sensible.

Cet accord est formé de la réunion de l'accord de quinte diminuée sur la sensible et de l'accord parfait mineur de sus-tonique. Il est composé de la sensible, de la sus-tonique, de la sous-dominante et de la sus-dominante majeure. Ce dernier degré doit toujours être placé à la partie la plus élevée, d'où il suit que l'accord de septième de sensible ne possède que les trois premiers états.

6	6		6	6		6	6
4	2		7	4		2	7
2	4		4	7		7	2
7	7		2	2		4	4
Dispositions..... 1re	4°		2°	5°		3°	6°
État un.			**État deux.**			**État trois.**	

L'état un (¹) est composé de tierce mineure, quinte diminuée et septième mineure sur la sensible. — L'état deux (²), de tierce mineure, sixte majeure et douzième juste sur la sus-tonique; l'état trois (³), de quarte augmentée, sixte majeure et dixième majeure sur la sous-dominante.

La nécessité de placer la sus-dominante majeure à la partie supérieure, *condition indispensable pour l'emploi de cet accord*, est cause que l'état un est seulement usité à la première et à la quatrième disposition; l'état deux, à la deuxième et à la cinquième disposition, et l'état trois à la troisième et à la sixième disposition (⁴).

(¹) **Synonymie.** — D'Alembert en parle à la note (*dd*) de ses *Éléments de musique,* mais sans lui donner de nom particulier. Nous reproduisons ce passage à la fin de cette note.— Catel : accord de septième de sensible et accord de septième mixte. — Reicha : accord de neuvième majeure de dominante (neuvième accord de la classification) privé de sa fondamentale, sans renversement. — Henry Lemoine : accord de septième de sensible du mode majeur, état direct. — — Busset : accord de septième neutre, appelé de septième mixte, état direct. — La plupart des traités élémentaires : accord de septième de sensible, état direct. — Fétis : accord de septième de sensible, ou accord de quinte mineure et sixte avec substitution du sixième degré majeur à la dominante. — Émile Chevé : accord de septième de sensible du mode majeur.

Voici ce que dit D'Alembert de cet accord : « Nous avons vu plus haut que l'accord *si, ré, fa,* » *la,* dans le mode mineur de *la,* peut être regardé comme renversé de l'accord *ré, fa, la, si;* » Il semble qu'on peut aussi, en certains cas, regarder cet accord *si, ré, fa, la,* comme composé » de deux accords *sol, si, ré, fa; fa, la, ut, ré,* de la dominante et de la sous-dominante dans » le mode majeur d'*ut,* lesquels accords on joint ensemble après en avoir retranché : 1° la » dominante *sol,* représentée par sa tierce majeure *si,* qui est censée en tenir la place; 2° la » note *ut,* qui est sous-entendue dans *fa;* ce qui formera cet accord *si, ré, fa, la.* L'accord *si,* » *ré, fa, la,* envisagé sous ce point de vue, pourrait être censé appartenir au mode majeur d'*ut* » dans certaines occasions. » D'ALEMBERT, *Éléments de musique théorique et pratique.* Note (*dd*).

(²) **Synonymie.** — Catel : accord de quinte et sixte sensible. — Reicha : accord de neuvième majeure de dominante sans sa fondamentale, premier renversement. — Henry Lemoine : accord de septième de sensible du mode majeur, premier renversement. — Busset : accord de septième neutre, premier renversement. — Les principaux traités élémentaires : accord de septième de sensible, premier renversement ou premier dérivé. — Fétis : accord de quinte et sixte sensible, ou accord de sixte sensible avec substitution du sixième degré majeur à la dominante. — Émile Chevé : Tronçon de l'accord de treizième de sous-médiante du mode majeur.

(³) **Synonymie.** — Catel : accord de triton et tierce majeure. — Reicha : accord de neuvième majeure de dominante sans sa fondamentale, deuxième renversement. — Henry Lemoine : accord de septième de sensible du mode majeur, deuxième renversement. — Busset : accord de septième neutre appelé de septième mixte, deuxième renversement. — Les traités élémentaires : accord de septième de sensible, deuxième renversement ou deuxième dérivé. — Fétis : accord de triton et tierce majeure, ou accord de triton avec substitution du sixième degré majeur à la dominante. — Émile Chevé : tronçon de l'accord de treizième de sous-dominante du mode majeur.

(⁴) M. A. Leborne (*Traité complet d'harmonie de Catel avec des additions),* donne six dispositions pour l'état un, trois pour l'état deux, trois pour l'état trois, à la seule condition de présenter, sous le renversement de septième, la seconde qui s'y trouve; il donne six dispositions pour l'état quatre, qu'il admet à la condition de présenter sous le renversement de neuvième la seconde qu'il renferme.

M. A. Panseron (*Traité d'harmonie pratique et des modulations),* ne prend pas tant de précautions. Il emploie l'accord de septième de sensible à tous les états et à toutes les dispositions sans s'inquiéter le moins du monde de mettre la sus-dominante majeure à une partie supérieure

Chacun des degrés qui composent cet accord a la marche suivante :

La sensible monte toujours à la tonique, marche forcée. — *La sus-tonique* monte toujours à la médiante majeure (¹). — *La sous-dominante* descend toujours à la médiante majeure, marche forcée. — *La sus-dominante majeure* descend toujours à la dominante, marche forcée.

État un. En suivant les règles qui viennent d'être établies, l'état un se résout sur l'accord parfait majeur de la tonique, état un.

État deux. L'état deux se résout sur l'accord parfait majeur de tonique, état deux.

État trois. L'état trois se résout sur l'accord parfait majeur de tonique, état deux.

État un.		État deux.		État trois.	
Résolution unique.		Résolution unique.		Résolution unique.	
6	5	6	5	6	5
4	3	7	1	2	3
2	3	4	3	7	1
7	1	2	3 .	4	3

Dans l'accord de septième de sensible, on ne peut doubler aucun degré, tous les quatre ayant chacun une résolution unique et forcée.

Voici l'indication de quelques exemples de l'emploi de l'accord de septième dè sensible.

État un. — G. Meyerbeer. *Les Huguenots.* N° 18. Scène et duo. — Qui va là? — *O bonheur!* oui, c'est la voix du bon Marcel (²).

État trois. — 1. Mozart. *Don Juan.* N° 2. Duo. Oui, je serai ton père, ton père, ton père et ton époux. — 2. Méhul. *Joseph.* N° 10. Duo. Viens dans mes bras, viens mon cher fils, *viens dans mes* bras, viens mon cher fils. — 3. G. Rossini. *Le Barbier de Séville.* N° 3. Duo. On voit écrit sur un tableau Le nom brill*ant* de Figaro.

Beethoven, dans la *symphonie en ut mineur,* emploie le **quatrième état** (!). On peut voir ce passage à la page 49 du *Traité de la théorie et de la pratique de l'harmonie* de M. Fétis (³).

---

ou inférieure, ou de présenter l'intervalle de seconde d'une manière plus ou moins agréable !!!

J'engage mes lecteurs à jouer, page 72 de l'ouvrage que je viens d'indiquer, les *Leçons pour employer l'accord de septième de sensible et ses renversements.* Ils m'en diront des nouvelles. Mais que diront-ils en voyant aux premières pages les autorités qui ont approuvé un pareil livre?

(¹) Si la sus-tonique descendait à la tonique, il y aurait deux quintes justes de suite : 1° entre la sus-tonique et la sus-dominante majeure ; 2° entre la tonique et la dominante. C'est pour les éviter que l'on fait toujours monter dans cet accord la sus-tonique à la médiante majeure.

(²) Dans cet exemple, la sus-dominante se résout sur la dominante un peu avant que les autres degrés opèrent leur résolution, ce qui change pour un court instant l'accord de septième de sensible état un en un accord de septième de dominante état deux.

(³) Cet état quatre étant admis par quelques auteurs, nous devons en donner aussi la synonymie; la voici :

Catel : accord de seconde. — Henry Lemoine : accord de septième de sensible du mode majeur, troisième renversement. — Busset : accord de septième neutre appelé de septième mixte, troisième renversement. — Émile Chevé (t. I, p. 161 de sa *Méthode élémentaire d'harmonie*) : tronçon de l'accord de treizième de sous-sensible du mode majeur. — Mercadier : accord de seconde sensible.

Accord de septième diminuée.

Cet accord, formé de la réunion des deux accords de quinte diminuée (celui sur la sensible et celui sur la sus-tonique), est composé de la sensible, de la sus-tonique, de la sous-dominante et de la sus-dominante mineure. Ce dernier degré n'ayant pas besoin, comme la sus-dominante majeure, d'être toujours placé à la partie supérieure, il en résulte que l'accord de septième diminuée possède les quatre états, et pour chaque état les six dispositions.

L'état un ([1]) est composé de tierce mineure, quinte diminuée et septième diminuée sur la sensible. L'état deux ([2]), de tierce mineure, quinte diminuée et sixte majeure sur la sus-tonique. L'état trois ([3]), de tierce mineure, quarte augmentée et sixte majeure sur la sous-dominante, et l'état quatre ([4]), de seconde augmentée, quarte augmentée et sixte majeure sur la sus-dominante mineure.

État un.						État deux.						État trois.						État quatre.					
6♭	4	2	6♭	4	2	7	6♭	4	7	6♭	4	2	7	6♭	2	7	6♭	4	2	7	4	2	7
4	6♭	6♭	2	2	4	6♭	7	7	4	4	6♭	7	2	2	6♭	6♭	7	2	4	4	7	7	2
2	2	4	4	6♭	6♭	4	4	6♭	6♭	7	7	6♭	6♭	7	7	2	2	7	7	2	2	4	4
7	7	7	7	7	7	2	2	2	2	2	2	4	4	4	4	4	4	6♭	6♭	6♭	6♭	6♭	6♭

Dispositions... 1ʳᵉ 2ᵉ 3ᵉ 4ᵉ 5ᵉ 6ᵉ ‖ 1ʳᵉ 2ᵉ 3ᵉ 4ᵉ 5ᵉ 6ᵉ ‖ 1ʳᵉ 2ᵉ 3ᵉ 4ᵉ 5ᵉ 6ᵉ ‖ 1ʳᵉ 2ᵉ 3ᵉ 4ᵉ 5ᵉ 6ᵉ

([1]) **Synonymie.** — Rameau, D'Alembert, J.-J. Rousseau : accord de septième diminuée. — Catel : accord de septième diminuée ou septième de sensible du mode mineur. — Reicha : accord de neuvième mineure de dominante (dixième accord de la classification) sans sa fondamentale, sans renversement. — Henry Lemoine : accord de septième de sensible du mode mineur, état direct. — Busset : accord de septième minime ou diminuée, état direct. — La plupart des traités élémentaires : accord de septième diminuée, état direct. — Fétis : accord de septième diminuée, ou accord de quinte mineure et sixte avec substitution du sixième degré mineur à la dominante. — Émile Chevé : accord de septième de sensible du mode mineur.

([2]) **Synonymie.** — Rameau : accord de petite sixte et de fausse quinte. — D'Alembert : accord de sixte sensible et fausse quinte. — J.-J. Rousseau : accord de sixte majeure et fausse quinte. — Catel : accord de quinte diminuée et sixte sensible. — Reicha : accord de neuvième mineure de dominante sans sa fondamentale, premier renversement. — Henry Lemoine : accord de septième de sensible du mode mineur, premier renversement. — Busset : accord de septième minime ou diminuée, premier renversement. — La plupart des traités élémentaires : accord de septième diminuée, premier renversement ou premier dérivé. — Fétis : accord de quinte mineure et sixte sensible, ou accord de sixte sensible avec substitution du sixième degré mineur à la dominante. — Émile Chevé : tronçon de l'accord de treizième de sous-médiante du mode mineur.

([3]) **Synonymie.** — Rameau, D'Alembert : accord de triton et tierce mineure. — J.-J. Rousseau : accord de tierce mineure et triton. — Catel : accord de triton avec tierce mineure. — Reicha : accord de neuvième mineure de dominante sans sa fondamentale, deuxième renversement. — Henry Lemoine : accord de septième de sensible du mode mineur, deuxième renversement : — Busset : accord de septième minime ou diminuée, deuxième renversement. — Les traités élémentaires : accord de septième diminuée, deuxième renversement ou deuxième dérivé. — Fétis : accord de triton et tierce mineure, ou accord de triton avec substitution du sixième degré mineur à la dominante. — Émile Chevé : tronçon de l'accord de treizième de sous-dominante du mode mineur.

([4]) **Synonymie.** — Rameau, D'Alembert, J.-J. Rousseau : accord de seconde superflue. —

Voici la marche de chacun des degrés qui composent cet accord :

La sensible, la sus-tonique et *la sous-dominante* ont la même marche que dans l'accord de septième de dominante. — *La sus-dominante mineure* descend toujours, marche forcée, sur la dominante.

État un. D'après la marche ci-dessus indiquée des degrés de l'accord de septième diminuée, l'état un de cet accord se résout : 1° Sur l'accord parfait majeur de tonique, état un. — 2° Sur l'accord parfait mineur de tonique, état un.

État deux. L'état deux de l'accord de septième diminuée se résout : 1° Sur l'accord parfait majeur de tonique, état un. — 2° Sur le même accord, état deux. — 3° Sur l'accord parfait mineur de tonique, état un. — 4° Sur le même accord, état deux.

L'état trois se résout : 1° Sur l'accord parfait majeur de tonique, état deux. — 2° Sur l'accord parfait mineur de tonique, état deux.

L'état quatre se résout : 1° Sur l'accord parfait majeur de tonique, état trois. — 2° Sur l'accord parfait mineur de tonique, état trois. *Remarque importante :* A cet état, on résout ordinairement la sus-dominante mineure un peu avant les trois autres degrés.

État un.				État deux.								État trois.				État quatre.			
6b	5	6b	5	7	1	7	1	7	1	7	1	2	1	2	1	4	3	4	3b
4	3	4	3b	6b	5	6b	5	6b	5	6b	5	7	1	7	1	2	1	2	1
2	1	2	1	4	3	4	3	4	3b	4	3b	6b	5	6b	5	7	1	7	1
7	1	7	1	2	1	2	3	2	1	2	3b	4	3	4	3b	6b5	5	6b5	5
1re Résol.		2e Résol.		1re Résol.		2e Résol.		3e Résol.		4e Résol.		1re Résol.		2e Résol.		1re Résol.		2e Résol.	

Dans l'accord de septième diminuée, on ne peut doubler que la sus-tonique, les trois autres degrés qui le composent ayant chacun une résolution unique et forcée. Or, puisque la sus-tonique n'a en tout que deux marches, l'accord de septième diminuée ne peut donc, dans aucun cas, être employé à plus de cinq parties.

Accord de neuvième majeure de dominante.

Cet accord (¹) est formé de la réunion de l'accord de septième de dominante et de celui de septième de sensible. Il contient par conséquent cinq degrés : la domi-

---

Catel : accord de seconde augmentée, — Reicha : accord de neuvième mineure sans sa fondamentale, troisième renversement. — Henry Lemoine : accord de septième de sensible du mode mineur, troisième renversement. — Busset : accord de septième minime ou diminuée, troisième renversement. — Les traités élémentaires : accord de septième diminuée, troisième renversement ou troisième dérivé. — Fétis : accord de seconde augmentée, ou accord de septième de dominante avec substitution du sixième degré mineur à la dominante. — Émile Chevé : tronçon de l'accord de treizième de sous-sensible du mode mineur.

(¹) **Synonymie.** — Catel : Accord de neuvième majeure dominante. — Reicha : accord de neuvième majeure (neuvième accord de la classification). — Henry Lemoine et la plupart des traités élémentaires : accord de neuvième majeure de dominante. — Fétis : accord de neuvième majeure de la dominante, ou accord de septième de dominante à cinq parties, avec dominante doublée à la partie supérieure, dominante à laquelle on substitue le sixième degré majeur. — Émile Chevé : accord de neuvième de dominante du mode majeur.

nante, la sensible, la sus-tonique, la sous-dominante et la sus-dominante majeure. Son état un est composé de tierce majeure, quinte juste, septième mineure et neuvième majeure sur la dominante. Les quatre premiers états sont usités.

65	5		65	5		65	5		65	5
4	3		4	3		4	3		2	3
2	3		2	3		7	1		7	1
7	1		5	5		5	5		5	5
5	1		7	1		2	3		4	3
État un.			**État deux.**			**État trois.**			**État quatre.**	

Chacun des degrés de cet accord possède les mêmes résolutions que dans l'accord de septième de dominante et dans celui de septième de sensible. C'est donc sur l'accord parfait majeur de tonique que cet accord opère sa résolution. Il faut cependant observer : 1° que la dominante ne monte jamais à la sus-dominante majeure, comme cela arrive dans l'accord de septième de dominante ; 2° que, comme dans l'accord de septième de sensible, la sus-tonique monte toujours à la médiante majeure et ne descend jamais sur la tonique, afin d'éviter deux quintes justes de suite ; 3° et qu'enfin, la sus-dominante majeure doit toujours être à la partie supérieure, encore comme dans l'accord de septième de sensible, quel que soit l'état employé. Ajoutons que cette sus-dominante majeure, qui se résout sur la dominante, fait presque toujours sa résolution avant que les quatre autres degrés n'aient opéré la leur, ce qui change momentanément l'accord de neuvième majeure de dominante en un accord de septième de dominante avec la dominante doublée à la partie supérieure.

Pour pouvoir employer cet accord à quatre parties, il faut, de toute nécessité, supprimer un degré ; c'est ordinairement la sus-tonique, parce que cette note est la moins importante des cinq.

« ..... *Sol si ré fa la bécarre*....., dit M. Louis Lucas, présente un ensemble » de dissonnances tel, que peu de praticiens osent s'en servir à l'état complet. » L'ardeur fanatique des théories le maintient seule dans les traités ([1]). »

M. Lucas en parle bien à son aise. Il arrive pourtant tous les jours que des compositeurs emploient par inspiration cet accord à ses différents états. Nous disons *par inspiration,* car nous sommes sûrs que ce n'est pas pour faire de la science que MM. Henri Barbara, Ernest Redon et tant d'autres compositeurs de piano l'emploient journellement dans leurs gracieuses compositions. L'accord de neuvième majeure de dominante est donc parfaitement admissible, puisqu'il se rencontre non-seulement dans les chefs-d'œuvre dramatiques de nos grands maîtres, mais encore dans les ravissantes inspirations de nos bons compositeurs de piano.

Voici l'indication de quelques exemples de cet accord :

État un. — 1. Louis Niedermeyer. *Le Lac.* Méditation poétique. *Ne pourrons-nous jamais,* sur l'océan des âges. 2. Ernest Redon. *Louisiana.* Polka pour piano. Mesure 2.

État trois. — Henry Barbara. *Valse brillante* pour piano, op : 1. Mesure 37 de la page 2, répétée à la mesure 15 de la page 3.

([1]) Louis Lucas, *L'acoustique nouvelle,* p. 102.

Accord de neuvième mineure de dominante.

Cet accord (¹), formé par la réunion de l'accord de septième de dominante et de l'accord de septième diminuée, est composé de la dominante, de la sensible, de la sus-tonique, de la sous-dominante et de la sus-dominante mineure. Comme on le voit, il ne diffère de l'accord précédent que par la sus-dominante, qui est mineure au lieu d'être majeure. Son état un est donc composé de tierce majeure, quinte juste, septième mineure et neuvième mineure sur la dominante.

Cet accord s'emploie de la même manière que l'accord précédent; comme lui, il n'a que les quatre premiers états, mais l'obligation de placer toujours la sus-dominante à la partie supérieure, et celle de résoudre toujours la sus-tonique en montant sur la médiante n'existent plus.

6b 5	5	6b 5	5	6b 5	5	6b 5	5
4	3b	4	3b	4	3b	2	1
2	1	2	1	7	1	7	1
7	1	5	5	5	5	5	5
5	1	7	1	2	1	4	3b
Etat un.		**Etat deux.**		**Etat trois.**		**Etat quatre.**	

Voici l'indication de quelques exemples de cet accord :
1. Lully. *Atys.* Air de Sangaride (acte 1, scène 4). Atys ne connaît pas les *tourments* amoureux, Atys est trop heureux. 2. G. Donizetti. *La Favorite.* N° 11. A. Récitatif. Moi l'épous*er, Ah! ce serait in*fâme! Moi lui porter en dot mon déshonneur?... 3. J. Schad. *Deux âmes.* Mélodie pour piano seul, op : 26. Mesures 2 et 4 de la page 4.

Accord de septième de seconde avec quinte juste.

L'accord de septième de seconde avec quinte juste (²) est formé par la réunion de l'accord parfait mineur de sus-tonique et de l'accord parfait majeur de sous-

---

(¹) **Synonymie.** — Catel : accord de neuvième mineure dominante. — Reicha : accord de neuvième mineure (dixième accord de la classification). — Henry Lemoine et la plupart des traités élémentaires : accord de neuvième mineure de dominante. — Fétis : accord de neuvième mineure de la dominante, ou accord de septième de dominante à cinq parties, avec la dominante doublée à la partie supérieure, dominante à laquelle on substitue le sixième degré mineur. — Émile Chevé : accord de neuvième de dominante du mode mineur.
(²) **Synonymie.** — Rameau, D'Alembert, J.-J. Rousseau : accord de double emploi :
    État un. — Accord de septième et accord de septième ajoutée.
    État deux. — Accord de grande sixte et accord de sixte ajoutée.
    État trois. — Accord de petite sixte mineure et accord de petite sixte ajoutée.
    État quatre. — Accord de seconde et accord de seconde ajoutée.
Voyez la note (*aa*) des *Éléments de musique* de D'Alembert. — Catel (chap. VII) : accord de

dominante; il est par conséquent composé de la sus-tonique, de la sous-dominante, de la sus-dominante majeure et de la tonique. Nous avons vu que pour employer l'accord parfait sur la sous-dominante, il fallait toujours que la tonique qu'il contient eût déjà été entendue dans l'accord précédent. Cette obligation existe par conséquent aussi pour l'accord de septième de seconde, où l'accord de sous-dominante entre comme élément.

L'état un est composé de tierce mineure, quinte juste et septième mineure sur la sus-tonique; l'état deux, de tierce majeure, quinte juste et sixte majeure sur la sous-dominante; l'état trois, de tierce mineure, quarte juste et sixte mineure sur la sus-dominante majeure, et l'état quatre, de seconde majeure, quarte juste et sixte majeure sur la tonique.

État un. Principales résolutions : 1º Sur l'accord parfait de dominante, état un. La sus-tonique placée à la basse monte à la dominante, tandis que les trois notes hautes descendent par mouvement contraire. — 2º Sur l'accord de septième de dominante, état un. La sus-tonique placée à la basse monte ou descend à la dominante; la sus-dominante majeure descend à la dominante, la tonique descend à la sensible, et la sous-dominante est commune. L'accord de septième de dominante sera privé ici de sa sus-tonique; mais nous avons vu que, dans cet accord, ce degré était de peu d'importance. — 3º Sur l'accord parfait majeur de tonique, état trois. La sus-tonique monte ou descend à la dominante; la sus-dominante descend à la dominante, la tonique est commune, et la sous-dominante descend à la médiante majeure.

État deux. Principales résolutions : 1º Sur l'accord parfait de dominante, état un. La sous-dominante placée à la basse monte à la dominante; la sus-dominante majeure descend par mouvement contraire à la dominante, la tonique descend à la sensible, et la sus-tonique reste commune. — 2º Sur l'accord de septième de dominante, état un. Il faut alors doubler la sous-dominante, et l'accord est à cinq parties. La sous-dominante placée à la basse, la sus-dominante majeure, la tonique et la sus-tonique, comme dans la résolution précédente; la sous-dominante doublée est commune. — 3º Sur l'accord parfait majeur de tonique, état trois. La sous-dominante placée à la basse monte à la dominante; la sus-dominante majeure descend à la dominante, la tonique reste commune, et la sus-tonique monte sur la médiante majeure.

État trois. Principales résolutions : 1º Sur l'accord de septième de dominante, état un. La sus-dominante majeure descend à la dominante; la tonique descend à la sensible, la sus-tonique et la sous-dominante restent communes. — 2º Sur l'accord parfait majeur de tonique, état trois. La sus-dominante majeure descend

---

septième mineure, ou accord parfait mineur, avec dissonance de septième dans l'accord parfait, dissonance de quinte dans l'accord de sixte, dissonance de tierce dans l'accord de sixte et quarte, et dissonance de seconde sous l'accord parfait. — A. Reicha : accord de septième de seconde espèce, sixième accord de la classification. — Henry Lemoine : accord de septième de seconde du mode majeur. — Fétis (liv. II, chap. VII) : accord de septième de dominante avec substitution du sixième degré majeur à la dominante et prolongation de tonique retardant la sensible. — Émile Chevé : Accord de septième de sous-médiante du mode majeur. — A. Panseron : accord de septième de seconde en mode majeur.

32   TRAITÉ D'HARMONIE MODERNE.

à la dominante; la tonique reste commune, la sus-tonique monte à la médiante
majeure, et la sous-dominante descend à la médiante majeure.

État quatre. Principales résolutions : 1° Sur l'accord de septième de
dominante, état deux. La tonique descend à la sensible, la sus-tonique et la
sous-dominante sont communes, et la sus-dominante majeure descend à la dominante. — 2° Sur l'accord parfait majeur de tonique, état un. La tonique reste
immobile; la sus-tonique monte à la médiante majeure, la sous-dominante descend
à la médiante majeure, et la sus-dominante majeure descend à la dominante.

État un.			État deux.			État trois.		État quatre.	
1re Résol.	2e Résol.	3e Résol.	1re Résol.	2e Résol.	3e Résol.	1re Résol.	2e Résol.	1re Résol.	2e Résol.
4 2	4 4	4 3	2 2	4 4	2 3	4 4	4 3	6 5	6 5
1 7	1 7	1 1	1 7	2 2	1 1	2 2	2 3	4 4	4 3
6 5	6 5	6 5	6 5	1 7	6 5	1 7	1 1	2 2	2 3
2 5	2 5	2 5	4 5	6 5	4 5	6 5	6 5	1 7	1 1
				4 5					

Voici l'indication de quelques exemples de l'emploi de cet accord :

État un. 1re résolution. Mozart. *Don Juan.* N° 2. Duo. En toi *seul* j'espère, tu
l'as juré — Je vengerai ton père. — G. Meyerbeer. *Robert-le-Diable.* Entre ces
deux phrases (au 3e acte) : C'est le nom de mon maître — et — Quelque danger
le menace peut-être. — G. Meyerbeer. — *Le Prophète.* Scène après la danse
(3e acte). Il a beau faire, il céde*ra* bientôt. — 3e résolution. J.-D. Ferroud.
Clovis. Ode-symphonie. 1re cavatine d'Aurélien. Entre cette phrase : A la voix
sereine ; — et celle-ci : Au front toujours pur.

État deux. 1re résolution. Gluck. *Alceste.* 1er acte, 2e tableau. Marche reli-
gieuse. Mesure 3, reproduite à la mesure 11. La disposition de cet accord est des
plus remarquables. — Gluck. *Orphée.* 3e acte. Adagio (¹). Oui, je te *suis,* tendre
objet de ma foi. Cet état produit un effet essentiellement mystérieux et rêveur.

État quatre. 2e résolution. Hector Berlioz. *Roméo et Juliette.* Symphonie avec
chœurs. 3e partie. Scène d'amour. Adagio. Mesures 50 et 52. — Résolution excep-
tionnelle : Weber. *Le Freyschütz.* Ouverture. Allegro (²).

Accord de septième de seconde avec quinte diminuée.

L'accord de septième de seconde avec quinte diminuée (³) est formé par la
réunion de l'accord de quinte diminuée sur la sus-tonique et de l'accord parfait

---

(¹) « Le court mais admirable largo :
         » Oui, je te suis, cher objet de ma foi.
» Où se reconnaît si bien le sentiment de joie extatique de l'amant qui va mourir pour rejoindre
» son aimée. » HECTOR BERLIOZ, feuilleton du *Journal des débats* du 22 novembre 1859.

(²) « La phrase rêveuse de clarinette, accompagnée d'un trémolo des instruments à cordes,
» dans le milieu de l'allegro de l'ouverture du *Freyschütz!!!* N'est-ce pas la vierge isolée, la
» blonde fiancée du chasseur, qui, les yeux au ciel, mêle sa tendre plainte au bruit des bois
» profonds agités par l'orage?.... O Weber!!!... » HECTOR BERLIOZ, p. 158 du *Grand traité
d'instrumentation et d'orchestration moderne,* œuvre 10me, Paris, Schonenberger.

(³) **Synonymie.** — Rameau, D'Alembert : accord de double emploi dans le mode mineur

mineur de sous-dominante; il est par conséquent composé de la sus-tonique, de la sous-dominante, de la sus-dominante mineure et de la tonique, qu'il faut encore préparer.

L'état un est composé de tierce mineure, quinte diminuée et septième mineure sur la sus-tonique; l'état deux, de tierce mineure, quinte juste et sixte majeure sur la sous-dominante; l'état trois, de tierce majeure, quarte augmentée et sixte majeure sur la sus-dominante mineure, et l'état quatre, de seconde majeure, quarte juste et sixte mineure sur la tonique.

Cet accord s'emploie exactement de la même manière que le précédent, ce qui rend inutile toute explication au sujet de ses résolutions.

État un. Principales résolutions : 1º Sur l'accord parfait de dominante, état un. — 2º Sur l'accord de septième de dominante, état un. — 3º Sur l'accord parfait mineur de tonique, état trois. — 4º Sur l'accord parfait majeur de tonique, état trois.

État deux. Principales résolutions : 1º Sur l'accord parfait de dominante, état un. — 2º Sur l'accord de septième de dominante, état un. — 3º Sur l'accord parfait mineur de tonique, état trois. — 4º Sur l'accord parfait majeur de tonique, état trois.

État trois. Principales résolutions : 1º Sur l'accord de septième de dominante, état un. — 2º Sur l'accord parfait mineur de tonique, état trois. — 3º Sur l'accord parfait majeur de tonique, état trois.

État quatre. Principales résolutions : 1º Sur l'accord de septième de dominante, état deux. — 2º Sur l'accord parfait mineur de tonique, état un. — 3º Sur l'accord parfait majeur de tonique, état un.

Résol.	État un.				État deux.				État trois.			État quatre.		
	1ʳᵉ	2ᵉ	3ᵉ	4ᵉ	1ʳᵉ	2ᵉ	3ᵉ	4ᵉ	1ʳᵉ	2ᵉ	3ᵉ	1ʳᵉ	2ᵉ	3ᵉ
	4 2	4 4	4 3b	4 3	2 2	4 4	2 3b	2 3	4 4	4 3b	4 3	6b 5	6b 5	6b 5
	1 7	1 7	1 1	1 1	1 7	2 2	1 1	1 1	2 2	2 3b	2 3	4 4	4 3b	4 3
	6b 5	6b 5	6b 5	6b 5	6b 5	1 7	6b 5	6b 5	1 7	1 1	1 1	2 2	2 3b	2 3
	2 5	2 5	2 5	2 5	4 5	6b 5	4 5	4 5	6b 5	6b 5	6b 5	1 7	1 1	1 1
						4 5								

Voici l'indication de quelques exemples de l'emploi de cet accord :

État un. Résolution 4. G. Donizetti. *La Favorite.* Nº 4 B. Duo. Hélas! sous quels cieux traîner ma mis*ère,* Où puis-je, ah! où puis-je être heureux.

État deux. Résolution 2. G. Donizetti. *La Favorite.* Nº 1 (C). Duo. Guide mes pas, et que *Dieu, que* Dieu ne te maudisse pas! — Résolution 3. Gluck.

(voyez D'Alembert, § 109). — Catel (chap. IV) : accord de septième de seconde du mode mineur ou accord de septième mixte. — A. Reicha : accord de septième de troisième espèce, septième accord de la classification. — Henry Lemoine : accord de septième de seconde du mode mineur. — Fétis (liv. II, chap. VII) : accord de septième de dominante avec substitution du sixième degré mineur à la dominante et prolongation de tonique retardant la sensible. — Émile Chevé : accord de septième de sous-médiante du mode mineur. — A. Panseron : accord de septième de seconde en mode mineur.

Alceste. N° 19. Double chœur. Pleure, ô patrie, O Thessalie! *Alceste* va mourir. Cette belle phrase se répète deux fois. L'accord de septième de seconde avec quinte diminuée, état deux, est présenté chaque fois à une disposition différente; la seconde fois, les trombones seuls accompagnent. — Résolution 4. G. Rossini. *Guillaume Tell.* N° 2. Duo. Mais à la vertu je me rends, Mais à la vertu je me rends, *Haine et malheur à nos tyrans.*

État trois. Résolution 1. G. Rossini. *Semiramide.* N° 10. Quintetto e finale. Immédiatement avant l'andante : Qual mesto gemito.— G. Donizetti. *La Favorite.* N° 11 B. Air. Cabalette. Sur la triste *fiancée.* — Résolution 3. Hector Berlioz. *Roméo et Juliette.* Symphonie avec chœurs. 3ᵉ partie. Scène d'amour. Mesure 56 de l'adagio.

Marche de septièmes.

Il existe une marche de six accords qui est fort employée par les compositeurs. Comme elle se retrouve à chaque instant dans les œuvres des grands maîtres, nous ne devons pas l'oublier.

Les six degrés sur lesquels reposent les accords de cette marche sont : la sous-dominante, la sensible dure, la médiante mineure, la sus-dominante mineure, la sus-tonique et la dominante. Ces degrés montent de quarte et descendent de quinte alternativement ou descendent de quinte et montent de quarte, ainsi qu'il suit :

$$4 \nearrow 7b \searrow 3b \nearrow 6b \searrow 2 \nearrow 5$$
$$\text{ou bien } 4 \searrow 7b \nearrow 3b \searrow 6b \nearrow 2 \searrow 5$$

Les accords que supportent ces degrés sont alternativement des accords de septième et des accords parfaits : le premier, le troisième et le cinquième de ces degrés portent chacun un accord de septième; les trois autres degrés, un accord parfait.

Le premier accord de septième est composé de tierce mineure, quinte juste et septième mineure sur la sous-dominante; le second accord de septième est composé de tierce majeure, quinte juste et septième majeure sur la médiante mineure. Quant au troisième accord de septième, c'est un accord de septième de seconde avec quinte diminuée, état un. Remarquez que les deux premiers accords de septième ne sont jamais employés ailleurs que dans cette marche.

Quant aux trois accords parfaits qui se trouvent sur la sensible dure, la sus-dominante mineure et la dominante, ils sont tous les trois majeurs.

Voici des exemples de cette marche :

1. Méhul. *Stratonice.* Air de Séleucus. Pour conserver un fils si cher à mon *amour, pour conserver un fils si* cher à mon amour. 2. G. Rossini. *Guillaume Tell.* N. 1. Introduction. De *l'âge et des vertus, c'est le saint privilége.* 3. Même ouvrage. Récitatif mesuré entre les numéros 3 et 4. Songez, jeunes pasteurs, Que la *Suisse qui vous contemple, Demande à votre hymen des appuis, des vengeurs.* Dans ce dernier exemple, le premier accord de septième manque; il est remplacé par un accord parfait.

Donizetti emploie la même marche dans *la Favorite* (n. 4. B. duo), en l'accompagnant à la partie haute d'une manière toute différente. Songeant à *toi plus qu'à moi-même, Chaque jour je voulais te donner cet écrit.*

Avant tous ces auteurs, Gluck et Grétry avaient déjà employé cette marche, mais en accompagnant seulement chaque degré d'un accord parfait sans septième. Le premier, dans le duo (n. 19) du cinquième acte d'*Armide* : Est-il un bien si charmant et si rare Que ce*lui dont l'amour veut combler mon espoir?* Que celui dont l'amour veut combler mon espoir? Le second, dans le touchant et trop peu connu duo d'*Aucassin et Nicolette* : Nicolette! — Puis-je accep*ter ta foi?* — *Oui, reçois ma foi.* — *Non, tu vivras pour moi.* — *Et* n'est-ce pas pour toi?

Accord de sixte mineure de sous-dominante.

Cet accord est composé de la sous-dominante, de la sus-dominante mineure et de la sus-tonique baissée. C'est un accord de tierce mineure et sixte mineure sur la dominante; il ne se renverse pas; c'est, à proprement parler, un accord de quinte diminuée sur la sus-tonique, état deux, dont on a baissé la sus-tonique d'un demi-ton ([1]).

4	3	4	3♭	4	2
2♭	1	2♭	1	2♭	7
6♭	5	6♭	5	6♭	5
4	5	4	5	4	5
1ʳᵉ Résolution.		2ᵉ Résolution.		3ᵉ Résolution.	

Il se résout : 1° Sur l'accord parfait majeur de tonique, état trois. — 2° Sur l'accord parfait mineur de tonique, état trois. — 3° Sur l'accord parfait de dominante, état un.

Remarque très-importante. — Cet accord fait bien voir que ce sont les degrés et non, comme le pensent la plupart des théoriciens, les accords et les intervalles qui les composent, abstraction faite de leur place dans le ton, qui constituent les attractions et les repos dans la tonalité moderne. Assurément, si un accord demande impérieusement une suite, c'est bien celui-ci, quand il occupe sa place tonale au milieu d'un morceau de musique. Et cependant, si vous analysez cet accord si énergique, vous ne trouvez qu'un accord parfait majeur, état deux!!

Voici l'indication de quelques exemples de cet accord :

1. Méhul. *Joseph.* N. 3. Air et chœur. Moi pèse *son* bras vengeur. — 2. J.-D. Ferroud. *Jérusalem.* La voix de Rama. Et redit ses douleurs *aux* Échos de Rama.

([1]) Accord neutre transformé en accord parfait majeur en bémolisant sa basse. ÉMILE CHÉVÉ, *Méthode élémentaire d'harmonie,* t. II, p. 118.

Accord de quinte augmentée.

L'accord de quinte augmentée (¹) est composé de la tonique, de la médiante majeure et de la dominante haussée. C'est, à proprement parler, un accord parfait majeur de tonique dont on a haussé la dominante. Ses trois états sont usités ; cependant, le troisième l'est beaucoup moins que les deux premiers. Le premier état est composé de tierce majeure et quinte augmentée sur la tonique ; l'état deux, de tierce majeure et sixte mineure sur la médiante majeure ; et l'état trois, de quarte diminuée et sixte mineure sur la dominante haussée. Voici la marche de chaque degré : la tonique reste en place, la médiante majeure monte à la sous-dominante, et la dominante haussée monte à la sus-dominante majeure ; d'où il suit que l'accord de quinte augmentée sur la tonique se résout sur l'accord parfait majeur de sous-dominante : l'état un sur l'état trois, l'état deux sur l'état un, et l'état trois sur l'état deux. — La tonique est le seul degré qui puisse être doublé dans cet accord, les deux autres ayant chacun une résolution unique et forcée.

Résolutions.

5h	6	1	1	1	1
3	4	5h	6	3	4
1	1	1	1	1	1
1	1	3	4	5h	6
État un.		**État deux.**		**État trois.**	

Voici l'indication de quelques exemples de l'emploi de cet accord :

État un. 1. G. Rossini. *Guillaume Tell.* Ouverture. Mesure 76 de l'allegro vivace à 2/4, répétée aux mesures 84, 120 et 128 du même allegro. — 2. Même ouvrage. N. 2. Duo. O ciel, tu *sais si M*athilde m'est chère.— 3. D. F. E. Auber. *Fra-Diavolo ou l'hôtellerie de Terracine.* N. 3. Quintetto. La bonne *folie, mon* âme est ravie. — 4. G. Rossini. *Les soirées musicales.* La Serenata, nocturne. Meria la *Bianca* Luna. — 5. G. Donizetti. *Lucia di Lamermoor.* N. 1. Introduzione. Splend*erà l'es*ecrabile velo come *lampo fra* nubi d'orror (²). — 6. G. Meyerbeer. *Les Huguenots.* N. 23. Conjuration et bénédiction des poignards. (Morceau d'ensemble.) 2ᵉ mesure de la ritournelle.— 7. Henri Vieuxtemps. *Grand concerto*

(¹) **Synonymie.** — J.-J. Rousseau : accord de quinte superflue à l'italienne. *(Dictionnaire de musique,* au mot *quinte,* et *planche K, figure 5.)* — Catel (chap. XII) : Accord parfait majeur altéré dans sa quinte en montant. — Reicha : accord de quinte augmentée, quatrième accord de la classification. — Henry Lemoine (page 104) : Altération en montant de la quinte de l'accord parfait majeur de la tonique et de la dominante. — F.-C. Busset : accord de quinte maxime, dit augmentée, employé dans le mode majeur, par emprunt fait au mode mineur. — Fétis *(Traité de la théorie et de la pratique de l'harmonie,* § 168) : altération ascendante de la quinte dans l'accord parfait majeur. — Émile Chevé : accord neutre maxime pris accidentellement dans le mode majeur *(Méthode élémentaire d'harmonie,* t. I, p. 169), ou accord parfait majeur haussé dans sa quinte (t. II, p. 118). — A. Panseron : accord de quinte augmentée.

(²) Dans cet exemple, la tonique doublée monte à la sus-tonique.

pour le violon, avec accompagnement d'orchestre (op : 25.) Adagio (page 24), mesures 4, 8, 14, etc.

M. L. Niedermeyer a fait un délicieux usage de l'**état deux**, à la première mesure de la ritournelle placée entre chaque couplet de la romance qui termine *le Lac* (méditation poétique).

Mademoiselle Loïsa Puget, dans la ritournelle de sa romance *Plus de Mère*, a fait alternativement usage de l'accord de quinte augmentée sur la tonique et de l'accord parfait mineur de sous-dominante, état trois. J'y renvoie le lecteur qui voudrait faire la différence de l'emploi des intervalles homophones de quinte augmentée et de sixte mineure placés sur le même degré.

On fait aussi quelquefois usage d'un accord de quinte augmentée sur la dominante. Cet accord se résout sur l'accord parfait majeur de tonique par le même mécanisme que l'accord précédent : la dominante reste en place, la sensible monte à la tonique, et la sus-tonique haussée monte à la médiante majeure. Cet accord est, en somme, assez peu employé, parce que les compositeurs lui préfèrent avec raison l'accord de septième de dominante avec quinte augmentée, dont nous allons parler tout à l'heure.

Il est un troisième accord de quinte augmentée qui a fort tourmenté plusieurs théoriciens modernes, à la tête desquels il faut placer M. Busset. Ces théoriciens, remarquant dans la formule appelée *gamme mineure* un intervalle de quinte augmentée, de la médiante mineure à la sensible, en ont conclu l'existence d'un accord de quinte augmentée *naturel* (les autres n'étant que des accords parfaits majeurs altérés dans leur quinte) sur la médiante mineure. Mais ce qui doit étonner, c'est qu'ils ne l'ont pas rencontré dans les œuvres des compositeurs. M. Busset va jusqu'à en faire sérieusement un accord de la musique future. Voici, au reste, ce qu'il dit à cet égard :

« On dira peut-être que l'accord maxime n'appartient pas au mode mineur, » attendu qu'on ne l'emploie jamais qu'en majeur.....

» Nous avons reconnu que l'accord du son 3 d'une gamme majeure est rare- » ment employé, et qu'il existe une foule de compositions musicales dans lesquelles » on le chercherait inutilement.....

» Or, qu'y a-t-il d'extraordinaire que, dans le mode mineur, l'accord du son 3 » soit aussi rare que dans le mode majeur?..... D'ailleurs, s'il m'est permis de » dire toute ma pensée, je crois... que l'art n'est pas encore à son apogée.

» Or, s'il est réservé à de nouveaux Beethoven de faire subir à l'art de ces » révolutions comme on en a vu après certaines périodes, il est permis de penser » que le mode mineur, si fécond en modulations, si approprié à la douleur, est » appelé à y jouer un rôle important, et sous ce rapport on peut dire que l'ac- » cord maxime appartient à l'harmonie future. » F.-C. BUSSET. *La Musique simplifiée dans sa théorie et dans son enseignement.* Deuxième partie. Harmonie : première section, § 607 (pages 155 et 156).

Cet accord, cependant, a été assez usité autrefois, surtout à l'état deux; il l'est encore quelquefois aujourd'hui. C'est l'accord que J.-J. Rousseau désigne sous le nom d'*accord de quinte superflue à la françoise*, pour le distinguer de l'accord par altération sur la tonique, qu'il appelle *accord de quinte superflue à l'ita-*

lienne. Nous ne ferons pas l'analyse de cet accord, par la raison qu'il fait partie des accords par retard ou prolongation dont nous ne traitons pas dans cet ouvrage; mais nous en indiquerons au moins quelques exemples ([1]).

État un. J.-J. Rousseau. *Dictionnaire de musique*. Planche K. Figure 3. Emploi de la quinte superflue à la françoise.

État deux. 1. Lully. *Atys*. Air de Cybèle. Espoir si cher et si doux, Ah! ah! pourquoi me trom*pez*-vous? — 2. Rameau. *Hippolyte et Aricie*. Grand trio des parques. Tremble, frémis *d'effroi*. — 3. J.-J. Rousseau. *Le Devin du village*. N. 8 bis. Duo. Que tu lui fus cher un jour, que tu lui fus cher *un* jour. — 4. G. Spontini. *Fernand Cortez*. N. 1. Introduction. Adieu, adieu pour *tou-jours* ([2]).

Cet accord n'est pas rare non plus avec la médiante majeure. C'est alors un accord parfait mineur sur ce degré, mais un accord parfait par retard ou prolongation, qu'on ne le perde pas de vue ([3]).

Accord de septième de dominante avec quinte augmentée.

Cet accord ([4]) est composé de la dominante, de la sensible, de la sus-tonique haussée et de la sous-dominante. C'est tout simplement un accord de septième de dominante dont on a haussé la sus-tonique. Chaque degré a la même résolution

---

([1]) Le lecteur lira sans doute avec plaisir ce que M. Chevé dit de cet accord :

Accord neutre maxime : « Cet accord est peu usité en... mineur, à cause de son caractère » criard, qui contraste avec l'impression douce que cause en général la gamme mineure. Mais » il devient d'un effet puissant quand il est soutenu quelque temps, et peut être d'un grand » secours pour peindre le désespoir, l'emportement et tous les autres effets passionnels qui se » traduisent par des cris. » (ÉMILE CHEVÉ, *Méthode élémentaire d'harmonie*, t. I, p. 169.)

([2]) Si on ajoute à cet accord la sous-dominante, on aura le bel accord employé avec tant de bonheur par Mozart dans la chanson d'Osmin de *L'enlèvement au sérail*, et par Rossini à la mesure 4 de l'ouverture de *Guillaume Tell*. C'est l'accord par supposition de quinte superflue de Rameau. *(Traité de l'harmonie réduite à ses principes naturels*, p. 407.)

Remarquez que dans l'exemple de Spontini cité plus haut, la sous-dominante apparaît aussi, mais seulement après l'audition des trois autres notes.

([3]) C'est l'accord du son 3 d'une gamme majeure, de Busset, dont il parle dans le passage transcrit plus haut. Cet accord n'est pas toujours un accord par retard ou prolongation : il est naturel comme les autres accords parfaits, dans les progressions. Je citerai comme exemple le chœur final du dernier acte du *Barbier de Séville* de Rossini : Chantons cette journée, pour nous si fortu*née*.

([4]) **Synonymie.** — Catel : accord de septième dominante altéré dans sa quinte en montant. — Reicha : accord de quinte augmentée avec septième, treizième accord de la classification. — Henry Lemoine : altération en montant de la quinte de l'accord de septième de dominante. — Fétis (*Théorie et pratique de l'harmonie*, § 174) : Altération ascendante de la quinte dans l'accord de septième de dominante, produisant un accord de septième avec quinte augmentée. — A. Panseron (*Traité de l'harmonie pratique et des modulations*, p. 102) : septième de dominante avec l'altération de quinte en montant. — Émile Chevé (*Méthode élémentaire d'harmonie*, t. II, p. 127) : accord de septième avec la quinte diésée.

que dans l'accord naturel; seulement, la sus-tonique haussée monte *toujours* et forcément à la médiante majeure.

L'état un est composé de tierce majeure, quinte augmentée et septième mineure sur la dominante; l'état deux, de tierce majeure, quinte diminuée et sixte mineure sur la sensible; l'état trois, de tierce diminuée, quarte diminuée et sixte mineure sur la sus-tonique haussée, et l'état quatre, de seconde majeure, quarte augmentée et sixte augmentée sur la dominante. On a toujours soin, dans les états un, deux et trois, de renverser l'intervalle de tierce diminuée qui s'y trouve, de la sus-tonique haussée à la sous-dominante, et d'en faire un intervalle de sixte augmentée (¹).

L'état un est celui qui est le plus généralement employé. Exemple :

$$
\begin{array}{cc}
2h & 3 \\
7 & 1 \\
4 & 3 \\
5 & 1
\end{array}
$$

Voici quelques exemples de l'emploi de cet accord :

1. Ch.-M. de Weber. *L'Invitation à la valse*. Rondo brillant pour piano, op. 65. Mesure 3 du fortissimo qui suit le second vivace. — 2. J. Schad. *Deux âmes*. Mélodie pour piano seul, op. 26. 12ᵉ mesure de la page 4. — G. Donizetti. *La Favorite*. Nᵒ 10 B. Trio. Immédiatement avant ces mots : Pour tant d'amour ne soyez pas ingrate.

Accord de sixte augmentée.

Cet accord (²) est composé de la sus-dominante mineure, de la tonique et de la sous-dominante haussée, ou autrement dit de tierce majeure et de sixte augmentée sur la sus-dominante mineure. Il ne se renverse pas (quoi qu'en veuille bien dire M. Panseron). On le résout sur l'accord parfait de dominante : la sus-dominante mineure descend à la dominante, la tonique descend à la sensible, et la sous-dominante monte à la dominante (exemple 1).

Mais cet accord parfait de dominante est privé de sa quinte (la sus-tonique). Pour obtenir l'accord de dominante complet à la résolution, il est nécessaire de mettre l'accord de sixte augmentée à quatre parties en doublant la tonique, la seule note de cet accord dont la marche ne soit pas forcée; alors, pendant que la première tonique descend à la sus-tonique, la tonique doublée monte à la

---

(¹) Ainsi, l'intervalle de tierce diminuée n'est pas admissible sur la sus-tonique haussée; nous verrons que Rossini n'a pas craint de l'employer sur un autre degré : la sous-dominante haussée, quand nous parlerons de l'accord de quarte doublement augmentée et sixte augmentée.

(²) **Synonymie.** — Catel : accord parfait mineur présenté sous le renversement de sixte et altéré dans sa note fondamentale en montant, ou accord de sixte augmentée. — Fétis (§§ 162 et 183) : accord de sixte du sixième degré du mode mineur, avec altération ascendante de la sixte. — A. Panseron : accord de sixte augmentée sans la quinte.

sensible par mouvement contraire, et l'accord de dominante se trouve complété (exemple 2).

```
4h  5  |  1   7  |  1   1
1   7  |  4h  5  |  4h  5
6b  5  |  1   2  |  1   1
       |  6b  5  |  6b  3
Exemple 1. | Exemple 2. | Exemple 3,
                         tiré de Beethoven.
```

Remarquez que l'accord de sixte augmentée n'est autre chose que l'accord parfait mineur de sous-dominante, état deux, dont on a haussé la sous-dominante pour forcer sa résolution à la dominante. On n'a, pour s'en convaincre, qu'à comparer les exemples que nous venons de donner, et, page 17, la troisième résolution de l'accord que je viens de citer. Aussi doit-on toujours préparer la tonique dans l'accord de sixte augmentée.

Beethoven, dans ses *Études* (¹) (t. I, p. 33), donne une autre résolution de l'accord de sixte augmentée; il le fait suivre de l'accord parfait majeur de tonique, état deux; il fait descendre la sus-dominante mineure à la médiante majeure, la sous-dominante haussée conservant sa résolution habituelle, et les deux toniques restant communes (exemple 3). M. Fétis, traducteur de Beethoven, fait dans une note, au sujet de cette résolution anormale, l'observation suivante : « Cette résolution de la sixte augmentée est inusitée, mais elle est fort élégante. » Nous serons plus sévère envers Beethoven que le plus grand des théoriciens modernes : La résolution de la sus-dominante mineure sur la médiante majeure est, pour nous, absolument inadmissible. Si on consentait à la considérer comme bonne, il faudrait alors admettre toutes les autres résolutions du même genre, ce qui serait la négation, l'anéantissement complet et absolu de la tonalité moderne.

L'accord de sixte augmentée a été employé avec succès par tous les compositeurs, les plus petits comme les plus grands; c'est celui qu'affectionnent le plus les commençants. Il suffit de feuilleter une partition quelconque pour trouver des exemples de l'emploi de cet accord. Cette abondance d'exemples devrait peut-être m'interdire d'en indiquer ici. Je ne puis néanmoins résister au plaisir de donner ci-après l'indication des plus curieux ou des plus remarquables que je me rappelle de l'emploi de ce magnifique accord (²).

1. Grétry. *Zémire et Azor*. Nᵒ 13. Air. L'esclave timide sur qui vous *régnez*. — 2. Gluck. *Iphigénie en Aulide*. Ouverture, mesure 4. — 3. Même ouvrage. Acte 1ᵉʳ. Scène première. Cet a*ffreux sacrifice*. — 4. Gluck. *Alceste*. Récitatif entre les nᵒˢ 20 et 21. J'entends sa voix qui m'app*elle*. Et les hautbois et les bassons répètent ensuite à l'octave supérieure cette phrase sublime. — 5. Gluck. *Armide*. Nᵒ 4. Scène et air d'Hidraot. Qu'avec un époux qui vous aime et qui soit digne *d'être aimé*. — 6. Même ouvrage. Nᵒ 9. Air de la Naïade. D'être plus sage, plus sage qu'il *ne* faut. — 7. Même ouvrage. Nᵒ 19. Scène et duo. L'amour que

---

(¹) *Études de Beethoven. Traité d'harmonie et de composition*, traduit de l'allemand par F. Fétis, deux volumes grand in-8ᵒ, Paris. Maurice Schlesinger, éditeur, 1833.

(²) Un petit nombre de ces exemples pourrait à la rigueur s'appliquer à l'accord de quinte juste et sixte augmentée, car ils contiennent *dans le chant* la médiante mineure.

j'ai pour vous, cause l'inquiétude Dont mon cœur se sent agité. — 8. Gluck. *Iphigénie en Tauride*. Nº 5. Air de Thoas. J'éprouve l'*effroi des coupables*. — 9. Même ouvrage. Nº 16. Duo. Non, ne l'espère pas, *cruel*. — 10. Sacchini. *Chimène*. Air. Je veux punir le crime et j'aime le *coupable*. — 11. Sacchini. *Œdipe à Colone*. Nº 7. Air de Polynice. Dans mon cœur attendri firent *naître* l'amour. — 12. Même ouvrage. 1ᵉʳ acte. Scène finale. Peuples, *prêtres, rois, tremblez* tous, *tremblez* tous! — 13. Même ouvrage. Nº 16. Air d'Antigone. Que je le serve encore, que je le *serve* encore. — 14. J. Haydn. *La Création du Monde*. Nº 6. Trio. Les œuvres *de tes* mains! *Dieu! oh* Dieu! — 15. Dalayrac. *Gulistan ou le Hulla de Samarcande*. Nº 1. Air (le songe). Comme mon cœur battait près d'elle! j'étais ivre de *volupté*. — 16. Méhul. *Joseph*. Nº 1. Air. Ingrats, ingrats, je devrais vous haïr, je de*vrais vous haïr.* — 17. G. Spontini. *La Vestale*. Nº 16. Duo. Mon bras peut ébranler ton autel *sanguinaire, ton autel sanguinaire.* Dans cet exemple remarquable, les trois accords de sixte augmentée, marqués ici en italique, sont dans trois tons différents. — 18. G. Rossini. *Le Barbier de Séville*. Nº 8. Finale. Quelle surprise, *point de sur*prise. Quelle surprise, *attendons*-là. — 19. G. Rossini. *La Pie voleuse*. Nº 9. Trio. Entre ces phrases : Sur nos pas serez-vous toujours? — et — O ciel! en toi j'espère. — 20. G. Meyerbeer. *Robert-le-Diable*. 1ᵉʳ acte. Récitatif. Je viens pour remplir un devoir, Avec mon fiancé j'ai quit*té ma chaum*ière. — 21. Même ouvrage. 1ᵉʳ acte. Récitatif. Au motif qui m'inspire, tu *doutes de mon cœur?* — 22. G. Meyerbeer. *Les Huguenots*. Nº 24. Grand duo. Voudriez-*vous les immoler?* Je dois *punir des assassins!* — 23. P. Scudo. *Le Chant vénitien*. Me rappelle le plus *beau de mes* jours. — 24. Hippolyte Monpou. *Les deux Archers*, Ballade. Où lorsqu'en Palestine allaient mou*rir nos* rois. — 25. G. Meyerbeer. *Le Prophète*. Nº 2. Scène. Qui depuis quelque temps parcourent nos cantons, Répandant parmi *nous leurs doctes oraisons*. — 26. Même ouvrage. Nº 16. Trio bouffe. Leurs beaux écus d'or tu prendras, — Je le *juré*, je le *jure*. — 27. Même ouvrage. 3ᵉ acte. Scène après le trio bouffe. Comme l'ange vengeur *que la* France révère. — 28. Même ouvrage. Même morceau. Il est juste, mon *crime a mérité la* mort. — 29. Ernest Redon. *La Favorite du Calife*. Nº 1. Récitatif et air de Ganem. Une nuit est bientôt passée, Demain à la *pointe du* jour.

Accord de quarte augmentée et sixte augmentée.

Cet accord (¹) est composé de la sus-dominante mineure, de la tonique, de la sus-tonique et de la sous-dominante haussée. On peut le considérer comme un

---

(¹) D'Alembert *(Éléments de musique théorique et pratique*, note (zzz)) : accord de sixte superflue, composé d'une note, de sa tierce majeure, de sa quarte superflue ou triton et de sa sixte superflue. — J.-J. Rousseau : accord de sixte superflue, ou accord de petite sixte majeure, diésée par accident. — Reicha : accord de quarte et sixte augmentées, douzième accord de la classification. — Henry Lemoine : accord de sixte augmentée avec quarte augmentée. —

accord de septième de seconde avec quinte diminuée dont on a haussé la sous-dominante pour en forcer la résolution. La tonique doit toujours être préparée. Cet accord n'a guère qu'un état d'usité : Cet état est composé de tierce majeure, quarte augmentée et sixte augmentée sur la sus-dominante mineure. Cet accord est d'un très bel effet.

Il se résout sur l'accord parfait de dominante : la sus-dominante mineure et la sous-dominante haussée se résolvent comme dans l'accord de sixte augmentée, la tonique descend à la sensible, et la sus-tonique reste immobile.

$$\begin{matrix} 4h & 5 \\ 2 & 2 \\ 1 & 7 \\ 6b & 5 \end{matrix}$$

Voici l'indication de plusieurs exemples de l'emploi de cet accord :

1. Sacchini. *OEdipe à Colone*. N° 9. Hymne et chœur de prêtres. Des perfides mortels, des *perfides mortels*. — 2. Méhul. *Stratonice*. Air de Séleucus. Qui peut vous inspirer le dégoût de la vie? — 3. H. Berton. *Françoise de Foix*. N° 8. Duo. Songez au devoir, *à l'honneur*; au devoir, *à l'honneur*. — 4. G. Rossini. *Le Barbier de Séville*. N° 12. Quintetto. Il est pâle comme un mort. Je suis *pâle comme un mort*. — 5. G. Rossini. *Semiramide*. N° 10. Quintetto e finale. L'ombra di *Nino!*... L'ombra di *Nino!*... — 6. L. Niedermeyer. *Le Lac*. Méditation poétique. Ainsi le vent jetait l'écume de tes ondes sur ses *pieds adorés*. — 7. G. Meyerbeer. *Robert-le-Diable*. Récitatif entre les n°ˢ 13 et 14. Quand on a du cœur. En auras-*tu?* — *Bertram!* — *Je crois à ta valeur*. — 8. Même ouvrage. Même morceau. *Hélas! funeste souvenir*, C'était le *nom de ma mère chérie*. — 9. G. Donizetti. *La Favorite*. N° 13. Finale du 3ᶜ acte. Rougit son visage, *Sa voix, son langage*, De honte et d'effroi. *Me glace d'effroi*.

Nous avons dit que cet accord n'a guère qu'un état usité. M. Meyerbeer, dans *Robert-le-Diable* (récitatif entre les n°ˢ 13 et 14), emploie cependant avec le plus grand succès cet accord avec la sous-dominante haussée à la basse : Et ces mystères si terribles, ne sont *rien quand on a du* cœur. L'effet de cet état ainsi employé est véritablement *terrible*.

Accord de quinte juste et sixte augmentée.

Cet accord (¹) est composé de la sus-dominante mineure, de la tonique, de la médiante mineure et de la sous-dominante haussée. Il ne diffère de l'accord

---

A. Leborne (chap. XII) : accord de septième mineure avec altération ascendante de la tierce et altération descendante de la quinte. — A. Panseron : accord de sixte augmentée avec quarte augmentée.

(¹) **Synonymie.** — J.-J. Rousseau : accord de petite sixte majeure, diésée par accident, et dans lequel on a substitué la quinte à la quarte. *(Dictionnaire de musique, mot accord.)* — A. Reicha : accord de sixte augmentée, onzième accord de la classification, premières résolutions. — Henry Lemoine : accord de sixte augmentée. — Auguste Panseron : accord de sixte augmentée, deuxième résolution.

précédent que parce que, au lieu de contenir la sus-tonique, il contient la médiante mineure. On peut considérer cet accord comme un accord de septième diminuée sur la sous-dominante haussée dont on a baissé la sus-dominante (¹).

L'état un est composé de tierce majeure, quinte juste et sixte augmentée sur la sous-dominante baissée. Cet état est à peu près le seul employé. Il se résout encore sur l'accord parfait de dominante. La sus-dominante baissée, la tonique et la sous-dominante haussée ont la même marche que dans l'accord avec quarte augmentée ; la médiante mineure descend à la sus-tonique. Il y a dans cette résolution deux quintes justes de suite, qui sont parfaitement permises. Nouvel exemple de cette vérité trop méconnue, que ce qui n'est pas possible sur certains degrés peut avoir lieu sur certains autres.

$$
\begin{array}{ll}
4h & 5 \\
3b & 2 \\
1 & 7 \\
6b & 5
\end{array}
$$

Voici l'indication de plusieurs exemples de l'emploi de cet accord :

1. Gluck. *Iphigénie en Aulide*. N° 3. Scène et chœur. Et sa voix est plus sûre que les oracles *du destin*, Que les oracles *du destin*. — 2. Gluck. *Orphée et Eurydice*. N° 8. Chœur. Qui t'amène en ces lieux, *mortel présomptueux?* — 3. Gluck. Même ouvrage. N° 19. Air. Quel tourment *déchire mon cœur!* — 4. G. Spontini. *La Vestale*. Récitatif entre les n°ˢ 12 et 13. Prêtre de Jupiter, je *confesse que* j'aime. — 5. G. Spontini. *Fernand Cortez*. N° 10. Récitatif et air. J'osai d'un temple sacrilége, offenser les *prêtres jaloux*. — 6. A. Boïeldieu. *Le Nouveau seigneur de Village*. Grand air de Frontin. Livrons-nous à la joie sans songer à l'avenir. — 7. Carafa. *Masaniello ou le Pêcheur napolitain*. N° 17. Duo. N'est-ce pas un avis *qu'ici* le ciel me donne? — 8. G. Rossini. *Guillaume Tell*. N° 19. Récitatif, air et chœur. Immédiatement avant ces mots : Mon père est mort, je n'y rentrerai pas. — 9. G. Meyerbeer. *Robert-le-Diable*. N° 9. Entr'acte, récitatif et duo bouffe. Voilà donc ce qu'on nomme un *heureux, J'en fais donc aussi* quand je veux. — 10. Même ouvrage. N° 15. Final (A). Scène et évocation. Où régnait la vertu, fit *régner le plaisir*. — 11. Même ouvrage. Même morceau. Ne craignez pas d'une *sainte immortelle*, Ne craignez pas le *terrible courroux*. — 12. G. Meyerbeer. *Les Huguenots*. N° 1 (C). Morceau d'ensemble et entrée de Raoul. C'est donc un huguenot, c'est *donc un huguenot?* — 15. G. Donizetti. *Dom Sébastien, roi de Portugal*. N° 16. Romance. D'affronts et de misère, De Camoëns *le Ciel a donc pitié*.

Boïeldieu, ayant à exprimer dans *la Dame Blanche* (ballade du 1ᵉʳ acte) la terreur naïve de Jenny, a employé avec succès l'état quatre de cet accord : Prenez garde! Prenez *garde!*

(¹) Voyez, sur l'accord de septième diminuée sur la sous-dominante haussée, la note 2 de l'accord de quinte augmentée et sixte majeure.

Accord de quarte augmentée et sixte majeure.

Cet accord ([1]) est composé de la sus-dominante majeure, de la tonique, de la sus-tonique haussée et de la sous-dominante haussée. C'est à proprement parler un accord de septième de seconde avec quinte juste, dont on a haussé la sus-tonique et la sous-dominante ; aussi faut-il préparer la tonique. — C'est afin de faciliter la comparaison de cet accord avec les différents accords de sixte augmentée, que nous comptons ses états en partant de celui qui a pour basse la sus-dominante majeure.

La plupart des théoriciens ont pris cet accord (en partant de l'état ayant pour basse la sous-dominante haussée) pour un accord de septième diminuée sur la sensible de la dominante ; aussi l'écrivent-ils, comme de juste, en remplaçant le signe de la sus-tonique haussée par celui de la médiante mineure. Mais dans l'accord de septième diminuée sur la sensible de la dominante, la résolution a lieu sur l'accord parfait de la dominante ([2]), tandis que c'est sur l'accord parfait majeur de tonique que se résout l'accord en question. D'ailleurs, les théoriciens auraient dû faire attention que leur prétendue médiante mineure, au lieu de descendre ou d'être fixe, montait toujours par attraction forcée à la médiante majeure. C'est par conséquent en réalité une sus-tonique haussée. *L'intervalle de septième diminuée n'existe donc pas dans cet accord,* mais bien l'intervalle homophone de sixte majeure.

Les compositeurs modernes qui se sont servis de cet accord ont presque toujours suivi la notation des théoriciens, et rien n'est plus curieux que de voir, dans la plupart de nos chefs-d'œuvre lyriques, la médiante mineure, attirée par en haut, monter à la médiante majeure.

Les quatre états de cet accord sont employés. L'état un est composé de tierce mineure, quarte augmentée et sixte majeure sur la sus-dominante majeure ; l'état

---

([1]) **Synonymie.** — Henry Lemoine (page 99) : accord de septième diminuée sur les quatrièmes notes des deux modes, haussées d'un demi-ton, avec résolution faisant cadence parfaite. — A. Leborne : accord de septième mineure avec altérations ascendantes de la note fondamentale et de la tierce.

([2]) L'accord de septième diminuée sur la sensible de la dominante se résout exactement de la même manière que l'accord de septième diminuée sur la sensible de la tonique : la sous-dominante haussée monte à la dominante ; la sus-dominante majeure descend à la dominante ; la tonique descend à la sensible, et la médiante mineure descend à la sus-tonique.

Synonymie de cet accord. — Henry Lemoine (page 99) : accord de septième diminuée sur les quatrièmes notes des deux modes haussées d'un demi-ton, avec résolution faisant demi-cadence ou repos. — A. Leborne *(Traité complet de Catel avec des additions,* chap. V) : emploi de la septième diminuée sur le quatrième degré dans le mode majeur.

Exemples de l'emploi de cet accord : 1. G. Rossini. *Guillaume Tell.* Finale du second acte. De repousser d'injustes *maîtres, de repousser d'injustes maîtres.* — 2. J.-D. Ferroud. *Clovis.* 3ᵉ partie. Tolbiac. La bataille. Chœur des guerriers. Quand il passait, quand il passait comme un vent de tempête.

deux, de seconde augmentée, quarte augmentée et sixte majeure sur la tonique; l'état trois, de tierce mineure, quinte diminuée et septième diminuée sur la sus-tonique haussée; et l'état quatre, de tierce mineure, quinte diminuée et sixte majeure sur la sous-dominante haussée.

Voici la marche de chacun des degrés qui composent cet accord : la sus-dominante majeure descend à la dominante, la tonique reste en place, la sus-tonique haussée monte forcément à la médiante majeure, et la sous-dominante haussée monte forcément à la dominante.

D'après ces principes, l'état un se résout sur l'accord parfait majeur de tonique, état trois; l'état deux sur le même accord, état un; l'état trois sur le même accord, état deux, et l'état quatre sur le même accord, état trois.

$4h$	5		6	5		1	1		$2h$	3
$2h$	3		$4h$	5		6	5		1	1
1	1		$2h$	3		$4h$	5		6	5
6	5		1	1		$2h$	3		$4h$	5
État un.			**État deux.**			**État trois.**			**État quatre.**	

Les états deux et quatre sont très usités; en revanche, les états un et trois le sont fort peu.

Voici l'indication de quelques beaux exemples de l'emploi de cet accord :

État un. 1. G. Rossini. *Guillaume Tell.* Ouverture. 36ᵉ mesure de l'andante à trois-huit, répétée à la 40ᵉ mesure. Cet exemple est réellement adorable. — 2. G. Donizetti. *La Favorite.* Nᵒ 10 B. Trio. Ne *le chassez ja*mais, jamais, de votre cœur.

Dans ces deux exemples, le signe de la sus-tonique haussée est remplacé par celui de la médiante mineure.

État deux. 1. Weber. *Robin des Bois.* Nᵒ 8. Air. Sous le *voile* du mystère. — 2. G. Rossini. *Guillaume Tell.* Ouverture. 13ᵉ et 18ᵉ mesures de l'andante (à 3/8). — 3. Même ouvrage. Barcarolle tirée de l'introduction du premier acte. Accours dans ma na*celle.* — 4. Même ouvrage. Nᵒ 8. Chœur de Suisses. Des monts que la neige couronne. — 5. G. Meyerbeer. *Robert-le-Diable.* Nᵒ 23. Trio. O ciel! *c'est la main de ma* mère. — 6. F. Hérold. *Le Pré-aux-Clercs.* Nᵒ 7. Trio. Vous me disiez *sans cesse* : Pourquoi fuir les amours. — 7. G. Donizetti. *La Favorite.* Nᵒ 11 B. Air. O mon Fernand, tous les biens de la *terre.* — 8. J.-Denis Ferroud. *Clovis.* 1ʳᵉ partie, Clotilde. Prélude et cavatine. Mesure 2 de la ritournelle de la cavatine. — 9. Même ouvrage. 1ʳᵉ partie, Clotilde. Première cavatine d'Aurélien. Là tu seras reine, O ma *souveraine!* — 10. J.-D. Ferroud. *Paquita la Grenadine,* Romance. S'il faut aimer la femme ou bien adorer *l'ange.*

Rossini a bien écrit (avec la sus-tonique haussée) les nᵒˢ 2, 3 et 4; Hérold, le nᵒ 6; Donizetti, le nᵒ 7, et M. J.-D. Ferroud, les nᵒˢ 8, 9 et 10; Weber et M Meyerbeer seuls ont péché. Cette presque-unanimité à bien écrire l'état deux et à mal écrire les autres états, me ferait croire que les compositeurs ne se sont pas aperçus que toutes ces combinaisons harmoniques ne sont en réalité que des états différents du même accord.

État quatre. 1. Gluck. *Iphigénie en Aulide.* Nᵒ 17. Quatuor et chœur. De plus heureux époux, *de plus* tendres amants, De plus heureux époux, *de plus* tendres amants. — 2. Gluck. *Alceste*. Nº 18. Air et chœur. Ce tourment extrême et me déchire et m'arra-ache le cœur (¹). — 3. Sacchini. *OEdipe à Colone*. Nº 16. Air (d'Antigone). Les peines de mon père, les *peines de mon* père. — 4. G. Spontini. *La Vestale*. Nº 11. Fin du duo. *Viens* recevoir ma foi. — 5. G. Rossini. *Le Barbier de Séville*. Nº 1. Introduction du 1ᵉʳ acte. C'est à la générosi*té qu'on* reconnaît la qualité. — 6. G. Rossini. *Semiramide*. Nº 7. Cavatina. Arsace ritornò *sì*, a mè verrà. — 7. G. Rossini. *Guillaume Tell*. Nº 10. Duo. Tout vous élève à mes regards, *Tout* vous élève à mes regards. — 8. Même ouvrage. Nº 11. Trio. Entre : Il s'émeut au nom de... Je ne te verrai plus, non — et — Non, je ne te verrai plus. — 9. Même ouvrage. Finale du 2ᵉ acte. Chœur du canton de Schwitz. Que ce bois solit*aire* seul connaisse nos pleurs, Que ce bois solit*aire* seul connaisse nos pleurs. — 10. Même ouvrage. Nº 19. Air d'Arnold. Trompons l'espérance homicide, Trompons l'espérance *homicide*. — 11. G. Meyerbeer. *Robert-le-Diable*. Nº 10. Valse infernale, air et chœur. Allegro con spirito à douze-huit. Mesure 9, répétée à la mesure 15. *Gloire au maître qui nous guide A la danse qu'il préside*. Cet exemple est très remarquable. — 12. G. Meyerbeer. *Les Huguenots*. Nº 6 (C). Suite du final. *La puissance* est de droit à qui sait la saisir. — 13. Même ouvrage. Nº 8. Chœur des baigneuses (dansé). Hélas! quel ennui *de sortir* en un pareil moment. — 14. Même ouvrage. Nº 18. Duo. Qui va là ? — O bonheur! Oui, *c'est la* voix du bon Marcel! — 15. Même ouvrage. Nº 24. Grand duo. *Gardez-vous*, gardez-vous, Gardez-vous de fuir! — 16. G. Donizetti. *La Favorite*. Nº 7. Duo. Consume-toi, *consume*-toi comme un flambeau dans un tombeau. — 17. Même ouvrage. Nº 10 B. Trio. 5ᵉ mesure. Après ces mots : Fernand devant lui paraître infâme! — 18. F. Halévy. *Charles VI*. Acte 4ᵉ. Nº 22. Entr'acte et air. Sans laisser un seul *cœur qui de moi se souvienne*. — 19. G. Rossini. *La Séparation*, Mélodie dramatique. Non, non, *non*, j'aimerai toujours.

Rossini a bien écrit les nᵒˢ 7 et 19, mal les nᵒˢ 6, 8 et 10. Quant au nº 9, je

---

(¹) « Dans le rôle d'Alceste, Mˡˡᵉ Levasseur chantait le bel air qui finit par ces vers : Il me » déchire et m'arrache le cœur...

» Puisque j'ai parlé de cet air, je ferai remarquer l'emploi de la septième diminuée, sauvée » par la sixte et quarte majeure. Ce passage du *la bémol* au *la naturel*, d'un effet incisif, » figurant sur le mot *arra...che*, était alors une précieuse nouveauté. C'est le premier » exemple, à l'Académie du moins, de cette combinaison d'accords qui déchire et charme » l'oreille tour à tour. On a depuis usé largement, abusé quelquefois de ce moyen très simple, » mais très dramatique. » CASTIL-BLAZE, *Théâtres lyriques de Paris. Académie royale de musique*, t. I, p. 347, 348.

M. Castil-Blaze se trompe deux fois dans ce passage :

Premièrement, en prenant cet accord pour un accord de septième diminuée. Quoi qu'en dise la notation de Gluck, il n'y a là qu'une sixte majeure, le sens tonal l'indique.

La seconde erreur de M. Castil-Blaze, c'est de penser que c'est la première fois que cette combinaison d'accords a été entendue, *à l'Académie du moins*. Notre exemple nº 1 montre que le public parisien avait déjà ouï la même combinaison, à l'Opéra, dans *Iphigénie en Aulide*, et notez bien que je n'ai pas la prétention de donner cet exemple comme le premier en date de l'emploi de cet accord.

ne sais quelle idée a passé dans l'esprit du malin compositeur quand il écrivait ce passage. Ayant à répéter deux fois la même phrase, et par conséquent le même accord à l'état quatre, il l'écrit la première fois avec la médiante baissée, la seconde fois avec la sus-tonique haussée. De cette manière, il est parfaitement sûr de bien écrire cet accord une fois sur deux, d'après tous les systèmes.

Tous les autres numéros ont été écrits par leurs auteurs avec la médiante mineure au lieu de la sus-tonique haussée. Au nº 16, Donizetti ayant à écrire ce degré *dans le chant*, sur le mot *me* (consume-toi), ose l'exprimer par la médiante mineure, qui se trouve ainsi, note isolée, monter sur la médiante majeure. Cette notation est tellement choquante, qu'elle frappe même les personnes peu versées dans la théorie.

M. Meyerbeer, dans *Robert-le-Diable*, a employé l'état deux et l'état quatre d'une manière toute particulière, en les résolvant sur l'accord parfait *mineur* de tonique : le premier sur l'état un, le second sur l'état trois. Nº 10. La valse infernale (chœur). Noirs démons, Fan*tômes*, Oublions les cieux. — Même ouvrage. Récitatif entre les nᵒˢ 1 et 2. Pour accomplir l'*ordre de votre* mère. J'ai deux remarques importantes à faire sur ces résolutions inattendues :

La première, c'est que c'est bien la médiante mineure, ainsi que M. Meyerbeer a écrit, qu'il faut ici, et non la sus-tonique haussée, puisque cette médiante mineure reste commune. Cet accord est alors exactement semblable, *quant à la composition*, à l'accord de septième diminuée sur la sensible de la dominante ; il n'en diffère que pour la résolution.

La seconde, c'est que c'est ici *le seul cas* où un accord, dans lequel entre la sus-dominante majeure, se résout sur un accord contenant la médiante mineure. Rien de plus fréquent, au contraire, que de voir un accord dans lequel entre la sus-dominante mineure se résoudre sur un accord qui contient la médiante majeure (¹).

Accord de quarte doublement augmentée et sixte augmentée.

Cet accord (²), l'un des plus beaux de la tonalité moderne, est composé de la sus-dominante mineure, de la tonique, de la sus-tonique haussée et de la sous-

---

(¹) L'accord parfait mineur de sous-dominante, l'accord de quinte diminuée sur la sus-tonique, l'accord de septième diminuée, l'accord de septième de seconde avec quinte diminuée, se résolvent sur l'accord parfait de tonique, soit majeur, soit mineur ; mais l'accord parfait majeur de sous-dominante, l'accord parfait mineur sur la sus-tonique, l'accord de septième de sensible et l'accord de septième de seconde avec quinte juste, se résolvent seulement sur l'accord parfait majeur de tonique ; dans aucun cas ils ne sont suivis de l'accord parfait mineur.

(²) **Synonymie.** — Reicha : accord de sixte augmentée, onzième accord de la classification, quatrième et cinquième résolutions. — Henry Lemoine : accord de sixte augmentée avec résolution faisant cadence parfaite. — Fétis (§§ 182 et 183) : altération triple de l'accord de tierce, quarte et sixte du sixième degré, produit par la substitution réunie à la prolongation. Voir au reste page 48 la note qui suit celle-ci. — A. Leborne : accord de septième mineure avec altérations ascendantes de la note fondamentale et de la tierce et avec altération descendante de la quinte. — A. Panseron : accord de sixte augmentée, première résolution.

dominante haussée. Il ne diffère donc du précédent que par sa sus-dominante, qui est mineure au lieu d'être majeure ; aussi peut-on le considérer comme un accord de septième de seconde avec quinte diminuée, dont on a haussé la sus-tonique et la sous-dominante. On prépare toujours la tonique.

Les compositeurs écrivent cet accord comme le précédent, c'est-à-dire en remplaçant la sus-tonique haussée par la médiante mineure, qu'ils font monter sur la médiante majeure. C'est, dit M. Fétis (*Traité de la théorie et de la pratique de l'Harmonie*, § 182), la singularité de la quarte doublement augmentée qui a conduit la plupart des compositeurs à remplacer cet intervalle par le signe de la quinte. L'illustre théoricien me permettra de lui faire observer que dans l'accord précédent, qui ne contient aucun intervalle de ce genre, les compositeurs remplacent aussi la sus-tonique haussée par la médiante mineure. Je suis plutôt tenté de croire que les deux accords sont ainsi écrits pour la même cause : le premier, parce qu'on l'a pris pour un accord de septième diminuée ; le second, parce qu'on l'a pris pour un accord semblable, altéré en descendant dans sa tierce (¹).

(¹) Chose singulière, M. Fétis lui-même qui, au § 182, considère comme nous cet accord comme un accord de septième de seconde altéré, ayant, au § 217, à examiner à propos de la pédale un accord de cette espèce, à l'état deux, qui se trouve dans la romance de *Guillaume Tell* : Sombre forêt, l'analyse ainsi : « Le *fa* bémol de la mélodie est une altération de *fa* » naturel, qui fournit un accent pour exprimer le caractère *triste et sauvage*. La note primitive » de cette mélodie est donc *fa* naturel ; or, cette note appartient à l'accord de quinte mineure » et sixte (*ré, fa, la* bémol, *si* bémol), auquel on substitue celui de septième diminuée (*ré* » bécarre, *fa* bécarre, *la* bémol, *ut* bémol). De plus, l'altération mélodique dont il vient d'être » parlé, change le *fa* naturel en *fa* bémol, et produit l'harmonie de l'accord de septième dimi-» nuée altérée dans sa tierce (*ré* bécarre, *fa* bécarre, *la* bémol, *ut* bémol). Cette harmonie est » d'autant plus remarquable, que la dominante, après avoir eu momentanément le caractère » d'une tonique nouvelle, reprend celui de dominante dans l'accord suivant. »

Il m'est impossible d'être ici de l'avis de M. Fétis. Combattons son raisonnement du § 217, et prouvons la justesse de sa théorie du § 182. Je prie le lecteur de vouloir bien recourir au texte de Rossini, 3ᵉ mesure de la romance du 2ᵉ acte de *Guillaume Tell*.

Si, comme le pense M. Fétis, l'accord en question est un accord de septième diminuée altéré dans sa tierce, il doit se résoudre sur l'accord parfait de dominante, état deux (soit, en *la* bémol : *sol, si* bémol, *mi* bémol). La tonique (*la* bémol) doit descendre à la sensible (*sol*) ; la médiante mineure (*ut* bémol) doit descendre à la sus-tonique (*si* bémol) ; la sous-dominante haussée (*ré* bécarre) doit monter à la dominante (*mi* bémol), et la sus-dominante baissée (*fa* bémol) doit descendre à cette même dominante (*mi* bémol).

Si, au contraire, comme c'est mon avis, on a ici affaire à un accord de septième de seconde avec quinte diminuée, dont on a haussé la sus-tonique et la sous-dominante, la résolution doit s'opérer sur l'accord parfait de tonique, état un (soit, en *la* bémol : *la* bémol, *ut, mi* bémol). La tonique (*la* bémol) doit rester en place ; la médiante mineure (*ut* bémol), qui n'est là que pour représenter la sus-tonique haussée (*si* bécarre), doit *monter forcément* à la médiante majeure (*ut* naturel) ; la sous-dominante haussée (*ré* bécarre) doit monter à la dominante (*mi* bémol) et la sus-dominante mineure (*fa* bémol) doit descendre à cette même dominante (*mi* bémol).

Au texte de Rossini à montrer auquel de nous deux la résolution donne raison.

Je ne puis également admettre que la dominante ait eu momentanément le caractère d'une tonique nouvelle. Le ton de la dominante n'a rien à voir ici, car l'accord parfait majeur de tonique n'est pas un seul instant perdu de vue : la sus-tonique haussée, la sous-dominante

Les quatre états sont usités.

L'état un est composé de tierce majeure, quarte doublement augmentée et sixte augmentée sur la sus-dominante mineure; l'état deux, de seconde augmentée, quarte augmentée et sixte mineure sur la tonique; l'état trois, de tierce mineure, quinte doublement diminuée et septième diminuée sur la sus-tonique haussée, et l'état quatre, de tierce diminuée, quinte diminuée et sixte majeure sur la sous-dominante haussée.

Tous les théoriciens recommandent de placer la sous-dominante haussée et la sus-dominante mineure à distance de sixte augmentée ou de dixième diminuée, afin d'éviter l'intervalle de tierce diminuée, soi-disant banni de la musique. Rossini ne fait ni une ni deux, il emploie bravement l'intervalle proscrit, honni de tous, et en obtient des effets admirables.

Les principes des résolutions de cet accord sont exactement les mêmes que ceux de l'accord précédent; nous nous bornerons donc à donner purement et simplement ces résolutions.

4 h	5	6 b	5	1	1	2 h	3
2 h	3	4 h	5	6 b	5	1	1
1	1	2 h	3	4 h	5	6 b	5
6 b	5	1	1	2 h	3	4 h	5
État un.		**État deux.**		**État trois.**		**État quatre.**	

Les états un et quatre sont très usités, tandis que les états deux et trois le sont infiniment peu. On remarquera que les états les plus usités ne sont pas les mêmes dans l'accord avec sus-dominante mineure que dans celui avec sus-dominante majeure. Ainsi, l'état un, dans ce dernier accord, est peu usité; il est très usité dans le premier accord. L'état deux, qui est très usité dans l'accord avec sus-dominante majeure, est au contraire très rarement employé dans l'accord avec sus-dominante mineure.

Voici l'indication de quelques exemples de l'emploi de ce remarquable accord :

État un. 1. J. Haydn. *La Création du Monde.* N° 10. Aria. L'homme en roi paraît, *s'avance avec fierté.* — 2. G. Spontini. *La Vestale.* N° 11. Duo. Dernière phrase : Viens recevoir ma foi. — 3. G. Spontini. *La Vestale.* N° 16. Duo. Et moi-même après eux, *et moi*-même après eux, *et moi*-même avec eux. — 4. D. F. E. Auber. *La Muette de Portici.* N° 7. Barcarolle. Le roi des mers *ne t'échappera pas.* — 5. G. Rossini. *Guillaume Tell.* Ouverture. Mesures 192 et 193 de l'allegro vivace (à 2/4). Le même passage se trouve répété aux mesures 216 et 217 du même allegro. — 6. Même ouvrage. N° 3. Chœur. Pour

---

haussée et la sus-dominante mineure, ayant une attraction irrésistible vers la médiante majeure et la dominante, annoncent l'apparition forcée de ces deux degrés de l'accord de tonique. Quant au degré le plus important de cet accord, la tonique elle-même, elle est commune aux deux accords, on ne cesse pas de l'entendre.

M. Fétis revient une troisième fois sur cet accord, au § 281. Mais cette fois-ci, il s'agit de modulation, et nous devons nous abstenir de le suivre aujourd'hui sur ce terrain, nous proposant de traiter à part et d'une manière spéciale cette partie si importante de la musique moderne.

50 TRAITÉ D'HARMONIE MODERNE.

eux, fais luire, fais *luire* un doux augure. — 7. Même ouvrage. N° 7. Finále
du 1ᵉʳ acte. Restez, il est plus d'un coupable. Au meurtrier qui prêta son se*cours?*
Nommez le traître, il y va de vos jours. — 8. Même ouvrage. Finale du 1ᵉʳ acte.
Peut nous soustraire, *Peut nous soustraire* à ta fureur. — 9. Même ouvrage.
N° 11. Trio. Combats et meurs, Combats *et* meurs pour nos tyrans, Combats *et*
meurs pour nos tyrans. — 10. Même ouvrage. Même morceau. Elle remplace,
elle *remplace* aussi la liberté. — 11. V. Bellini. *Norma.* N° 1. Introduzione.
Tre volte annunzi il mistico bronzo sacerdo*tal* bronzo sacerdotal. — 12. G.
Meyerbeer. *Robert-le-Diable.* N° 18. Finale du 4ᵉ acte. (C) Cavatine. Grâce pour
moi, *Grâce* pour moi. — 13. G. Donizetti. *La Favorite.* N° 15. Cavatine. Et
pour jamais *envolez-vous*, Envolez-vous et pour jamais. — 14. Mˡˡᵉ Céline Gadal.
Ombre et Soleil. Mélodie. Rayon venu d'en haut, *aimant sacré des* âmes.

Rossini a bien écrit (avec la sus-tonique haussée) les nᵒˢ 9 et 10, après avoir
écrit, comme la plupart des compositeurs, les nᵒˢ 5, 6 et 8. Quant au n° 7, il y
remplace non-seulement le signe de la sus-tonique haussée par celui de la médiante
mineure, mais encore le signe de la sous-dominante haussée par celui de la dominante baissée!!! (Ce qu'il y a de plus curieux, c'est que la sous-dominante haussée
est bien écrite *dans le chant :* Qui prêta son *secours, nommez le* traître.) Qui a
pu porter Rossini à cette singulière notation? Il n'a pourtant pas pu prendre cet
accord pour un accord de septième de dominante! Nous verrons au reste, à
l'état quatre, M. Meyerbeer se servir lui aussi de cette excentrique orthographe
musicale.

Les autres numéros sont écrits à la manière ordinaire, c'est-à-dire avec le signe
de la médiante mineure au lieu du signe de la sus-tonique haussée.

État deux. 1. G. Rossini. *Guillaume Tell.* 2ᵉ acte. Romance de Mathilde.
Sombre forêt, désert triste *et sauvage* (¹). — 2. « Le deuxième renversement, dit
» M. Panseron (*Traité de l'Harmonie pratique et des Modulations*, p. 59), a
» été aussi employé dans l'air d'Anna du Freyschütz, de Maria Weber. » J'ai
vainement cherché cet exemple sur cette indication dans la partition du *Freys-*
chütz. N'ayant pu réussir à le trouver, je copie à défaut ce passage de
M. Panseron. Peut-être mes lecteurs seront-ils plus heureux que moi.

Rossini, nous le savons déjà, fait la faute d'orthographe ordinaire dans
l'exemple n° 1.

État trois. G. Rossini. *Guillaume Tell.* N° 11. Trio. Combats et meurs pour
nos *tyrans*, Combats et meurs pour nos *tyrans*. — Toujours la médiante mineure
pour la sus-tonique haussée. — Rossini fait résoudre cet état, par exception, sur
l'état trois (et non sur l'état deux) de l'accord parfait majeur de tonique.

État quatre. 1. G. Rossini. *Le Comte Ory.* Acte 2. N° 8. Chœur. Le plaisir
nous convie à ce joyeux festin. — 2. G. Meyerbeer. *Les Huguenots.* N° 1.
Introduction. (C) Entrée de Raoul. Quel honneur d'être admis! Quel *honneur*
d'être admis! — 3. Même ouvrage. Entr'acte du 2ᵉ acte, à la 18ᵉ mesure. —

(¹) Dans cet accord, Rossini met hardiment la sous-dominante haussée et la sus-dominante
baissée l'une contre l'autre, à intervalle de tierce diminuée. Voyez, au sujet de cet accord, la
note qui précède celle-ci.

4. Même ouvrage. N° 10. Duo. Suis-je sur terre ou dans les cieux, *Suis-je sur terre...* — 5. Même ouvrage. Récitatif entre les nᵒˢ 16 et 17. Venez, et devant lui vous sau*rez les pro*jets que l'on forme aujourd'hui. — 6. G. Rossini. *La Séparation.* Mélodie dramatique. Laissez *mes* larmes (¹), non, non, non, non, non j'aimerai toujours.

Dans tous ces exemples, le signe de la médiante mineure remplace partout celui de la sus-tonique haussée. De plus, M. Meyerbeer remplace aussi, dans les nᵒˢ 4 et 5, le signe de la sous-dominante haussée par celui de la dominante baissée (²). Pourquoi????

Quelques compositeurs font suivre cet accord de l'accord parfait *mineur* de la tonique; c'est alors qu'il est vraiment nécessaire de remplacer la sus-tonique haussée par la médiante mineure, qui reste commune. L'accord est dans le présent cas exactement semblable, *pour la composition,* à celui que nous avons donné plus haut sous le nom d'*accord de quinte juste et sixte augmentée.* La résolution seule est différente.

Voici des exemples de ce cas particulier :

1. L. Cherubini. *Les Deux Journées.* N° 1. Romance. Mesure 13 de la ritournelle. — 2. G. Spontini. *Fernand Cortez.* Trio de la nouvelle introduction du 1ᵉʳ acte. Adieu! Adieu! pour toujours. — 3. G. Meyerbeer. *Les Huguenots.* N° 27 (B). Chœur des meurtriers. Ils *chantent* encor! Ils chantent encor!

(¹) Encore la sous-dominante haussée et la sus-dominante mineure présentées par Rossini à distance de tierce diminuée.

(²) Notez bien que quand les compositeurs ont réellement à exprimer une dominante baissée, ils mettent toujours le signe de la sous-dominante haussée, *qui se trouve descendre.* (Voyez page 3, note 2.)

ERRATA.

Page 9, 2ᵉ colonne du tableau, ligne 2, au lieu de : De 5 à 1, *lisez* : De 5 ♮ à 1.

Même page, 6ᵉ colonne du tableau, lignes 6 et 7, au lieu de : 8 secondes augmentées, *lisez* : 8 secondes (ou neuvièmes) augmentées.

Page 14, article **État un**, ligne 5, au lieu de : parfait de sus-dominante mineure, *lisez* : parfait majeur de sus-dominante mineure.

Page 43, à la note (¹), ligne 2, au lieu de : l'accord de quinte augmentée, *lisez* : l'accord de quarte augmentée.